中 華 教 育

馬可·孛羅歷險記

沙下城

【意】克里斯蒂娜·拉斯特萊格
弗朗西斯科·苔斯塔 / 著繪
馬素文 / 譯創

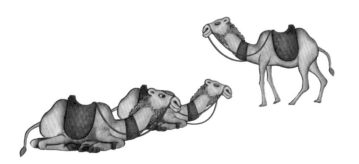

馬可·孛羅歷險記

沙下城

【意】克里斯蒂娜·拉斯特萊格
弗朗西斯科·苔斯塔 / 著繪
馬素文 / 譯創

責任編輯：謝燿壕
裝幀設計：龐雅美
排　版：龐雅美
印　務：劉漢舉

出版 / 中華教育

香港北角英皇道 499 號北角工業大廈 1 樓 B 室
電話：(852) 2137 2338　傳真：(852) 2713 8202
電子郵件：info@chunghwabook.com.hk
網址：http://www.chunghwabook.com.hk

發行 / 香港聯合書刊物流有限公司

香港新界荃灣德士古道 220-248 號荃灣工業中心 16 樓
電話：(852) 2150 2100　傳真：(852) 2407 3062
電子郵件：info@suplogistics.com.hk

印刷 / 高科技印刷集團有限公司

香港葵涌和宜合道 109 號長榮工業大廈 6 樓

版次 / 2021 年 12 月第 1 版第 1 次印刷
©2021 中華教育

規格 / 16 開 (275mm x 210mm)
ISBN / 978-988-8760-21-3

目 錄

第一章
中國醫術

腳下平緩的大地漸漸變得起伏，一望無際的平原也慢慢冒出了高大的喬木。

　　從背後看過去，父親的身材顯得格外高大魁梧，像一座山，結結實實擋在了我的身前。我們的行程被大半個月前我莫名其妙得的一場重病耽誤了。

　　父親雖然沒有明說，但是我知道，商隊的大人們如果生病，都會硬扛着上路的。但顯然，父親一眼看穿了我的自責內疚，不像平日的嚴肅，反而溫柔寬慰，讓我不要放在心上，繼續趕路就好。

　　摸着懷裏威賽給我的盛着百香液的小小瓷瓶，思緒不禁飄回半個月前……

　　「父親，這藥也太苦了吧。」

　　馬可‧孛羅低頭看着父親遞來的湯藥，顯得憂心忡忡。灰綠色的藥液裏有一張苦瓜臉，眉頭緊緊擰成了川字，哦，那是馬可的倒影。

　　「孩子，都說苦口良藥利於病，藥不苦就沒效果了。聽話，喝下去病才會好。」

　　尼科洛把馬可的枕頭立起來，讓他在牀上能坐得更舒服點兒。此時，尼科洛的臉色也不好看。

　　一週前馬可‧孛羅告訴尼科洛自己渾身乏力，沒有胃口，尼科洛就暫停了東去的行程。他在喀什噶爾找了一所民居，安排隊伍住下。尼科洛也是常年在外奔波的人，對一些簡單疾病還是備了常用藥的，只不過……

　　「但是已經喝了十幾碗了。」馬可捏着鼻子喝了一口，忍不住吐了吐舌頭，「我還是一點兒好轉都沒有。」

　　「唉！」尼科洛歎了口氣，看着兒子日漸消瘦的樣子，也只能繼續勸他把藥喝完。

　　「父親，我想睡會兒。」喝完了藥，又是一陣睏意湧來，渾身無力的馬可只覺得眼皮在打架，就向父親道了聲安，縮回了被窩裏。

　　幫兒子掖緊了被子，尼科洛輕輕關上了房門，到了屋外。

「哥哥，馬可他怎麼樣？」叔叔馬泰奧圍了上來，關切地問尼科洛。

「沒甚麼好轉。唉，馬可這病可太熬人了，別說他一個孩子，大人也禁不住這麼折騰啊。」旁邊的威賽聽了揪着自己的小鬍子，一臉的心疼。

隊伍裏的其他人也都圍了上來，一路上他們最喜歡這個率真、勇敢的男孩，這一次馬可生病，牽住了所有人的心。

「馬可剛喝了藥，讓他多休息下吧，多睡會兒也許能恢復快一點。」尼科洛說的這話自己都不太相信，但是除此之外，他又有甚麼辦法呢？

正在大家七嘴八舌討論的時候，迎面走來了齊奶奶，手裏拎着滿滿一籃子的菜。她是這屋子的女主人。

「今晚給大家做好吃的！看我都給大夥兒買了甚麼！」

齊奶奶舉起右手晃了晃手中的籃子。但是看到大家愁眉不展的樣子，趕忙壓低了聲音問：「尼科洛先生，馬可愛吃我做的小點心嗎？」

尼科洛無奈地聳了聳肩，從一旁端出一個盤子，上面像小山一樣堆着各式各樣的當地特色點心。

「他一塊都沒有吃？」齊奶奶輕聲驚呼，「我的天哪，他已經兩天沒有吃東西了

吧？這怎麼行！我得想想辦法。」

　　說着，齊奶奶急匆匆地掉頭出了門。

　　屋外發生的一切，馬可一點兒都不知情。他一鑽進被窩裏，昏昏沉沉地閉上了眼睛。

　　故鄉威尼斯的輪廓彷彿在眼前搖蕩，映着亞得里亞海的波浪和貢多拉船的影子，遠處好像是威尼斯的大教堂和鐘樓……

　　突然，空中閃過了一記霹靂，瞬間雷聲大作，頃刻間海天變色，風雨交加，毫無準備的馬可‧孛羅被高高掀起的海浪一下子捲入水中，四肢酸軟無法動彈的他，嗆着水卻無力游泳。

　　「救命！救……救命！」馬可在一人多高的海浪中奮力掙扎，但是浪頭迎面打來，將他重重按進了水裏。

　　「孩子！可憐的孩子，快醒醒。」

　　馬可努力睜開眼，看到眼前的齊奶奶時，他才知道自己剛才經歷了一場夢中浩劫。

　　「是您啊，齊奶奶。」

　　自從馬可一行人住進了這間屋子，齊奶奶就非常喜歡這位藍眼睛的男孩；馬可也很喜歡她，親切地稱她齊奶奶。

　　「可憐的孩子，一身的汗。」齊奶奶坐上牀沿，捏起袖子擦了擦馬可的額頭，柔聲說道，「你看你，臉都黃了，把你齊奶奶給心疼的喲！都這麼多天了，也沒見好起來。」

　　「齊奶奶，父親剛給我喝了威尼斯的湯藥了，他說我很快會好的。」馬可不忍心奶奶為他操心，勉強擠出笑臉。

　　齊奶奶知道馬可是在安慰自己，她輕輕撫摩着馬可的臉頰說：「乖孩子，奶奶知道你懂事，但那藥你都喝了多少碗了，半點兒效果都沒有。」

　　這下馬可不知道該說甚麼了，只能朝齊奶奶委屈地笑着。碧藍色的眼睛，像故鄉的藍天，只是今天的這片藍天，似乎覆上了一層陰霾。

「來，穿上衣服，齊奶奶帶你去一個地方！」齊奶奶拉起虛弱的馬可，動手幫他穿戴起來。

「奶奶，我好累，讓我再睡會兒好嗎？」馬可是真的很累，雖然每天齊奶奶都會變着花樣給他做好吃的，但他一點兒胃口都沒有。

齊奶奶一邊給馬可繫着扣子，一邊說道：「我剛才去找了我們這兒的溫郎中，把你的病情都和他說了。」

「嗯？郎中？」

「郎中，就是醫生，溫郎中看好了很多疑難雜症，大家都稱他是神醫。」

馬可有些感動，他和齊奶奶非親非故，只是一個匆匆的過客，但是齊奶奶卻把自己當成了親人。但更多的，還是驚訝，難道在神祕的東方，真的有神醫？

「溫郎中說呀，你的病，他能治！」

很快，齊奶奶利索地幫馬可穿戴整齊，一臉得意地扶着他出了門。

和煦的微風輕輕拂來，吹動了門前的胡楊。樹上的小雀一起揮動翅膀，喳喳地掠過頭頂，衝上雲霄。馬可想到了威尼斯的家、運河兩岸熱鬧的集市，還有一起長大的小夥伴。這時的威尼斯，應該也是春意盎然，一片勃勃生機吧。

「好久沒有出門了吧，你看這空氣多好。但是等你病好了，奶奶也就見不到你嘍。」齊奶奶和馬可打趣地說道。

「齊奶奶，我不會忘記您！等我從大都回來，會給您帶許多禮物，還有滿肚子的故事！」馬可趕忙說道。

「我知道，我知道！我也不會忘記藍眼睛的馬可。」齊奶奶溫柔地笑着。

在一路細語中，二人來到了城東的一條小巷。

「這就是溫郎中的醫館啦！」

齊奶奶指着前面不起眼的小屋說道。

屋子不大，裏外兩進，用垂下的布簾隔開。外堂站着不少人，看來都是來就診的病人，內室就應該是郎中問診的地方了。

剛走進外堂，就聽見有人開口了，那興奮模樣，哪像是病人。

「齊奶奶，你還認得出我不？」

說話的是一個面色紅潤的男子，正快步走上前湊到齊奶奶身前。

「你是？」齊奶奶上下打量了一番這位男子。一米七左右的個頭兒，炯炯有神的眼睛閃爍着智慧的光彩，整個人看上去特別精神。但是很顯然，齊奶奶不認識他。

「哈哈，認不出了吧？我是蔫兒啊！你以前總說我瘦巴巴，力氣還沒您大呢！記得不？」這個人一邊說一邊比劃着，彷彿在提醒人們他以前的樣貌。

「哦！是你啊！我想起來了！」齊奶奶一拍腦門，回憶了起來，「那你現在……」

男子上前攙着齊奶奶的胳膊說：「是啊是啊，就是我啊！以前也說不上哪裏不舒服，但總覺得自己沒精神。後來聽說溫郎中厲害，您看，我才來了幾次，現在已覺得渾身特別有力氣！哈哈！」

「別讓齊奶奶站着了，給讓個位置！」

一個聲音從身旁響起，馬可扭頭一看，是一位和齊奶奶年齡相仿的老人。

齊奶奶找了個位子坐下，才對那老人說道：「哎呀！這不是『瞇眼兒』嗎？你這次看清楚我是誰了呀？」

老人挑了挑雪白的眉毛，興奮地說：「是啊！以前我總看不清東西，眼睛前面像是蒙着一層紗，你就算站在我面前我也得瞇着眼看半天才能認出來，所以你們大夥兒都叫我『瞇眼兒』。但是現在好了，溫郎中果然手到病除。我現在都能看清天上的雲雀和水裏的蝦米啦！哈哈！」

這位溫郎中真的這麼神奇？馬可聽着，心裏一陣疑惑。

趁大家在外堂聊天敍舊，馬可偷偷跑到布簾前，輕輕掀開了簾子的一角，往內室看去。

裏面有一條不長的連廊，連廊口是一個診室，虛掩着房門。躡着腳步，馬可挪

到了門前。一陣清香撲鼻而來，淡淡的，悠悠的，讓人能聯想到遼闊的大地，幽深的峽谷和汩汩的山泉。

馬可湊上前去，順着虛掩的門縫往裏瞧去。

診室不大，收拾得乾乾淨淨，沒有雜物。牆上是整排頂天立地的深色木櫃，櫃上的書籍佔據了半壁江山，剩下的地方整齊地擺滿了貼着標籤、大小不一的方盒子或圓瓶子。

另外兩面牆上掛着幾幅大大的人體畫像，和家鄉的人像畫很不一樣。這幾幅畫裏的人，有正面的，也有背面的。他們沒有表情，沒有動作，直挺挺地站着，也不穿衣服，最奇怪的是，渾身都點了無數個黑點。

診室中間擺着一張凳子，一位病人脫下上衣坐在上面。

馬可不敢大聲喘息，睜大了眼睛繼續探望。

一位老人站在診室內，臉龐瘦削，眉眼和善，衣着樸素，從一個大大的木匣子裏取出一根細細長長的銀針。只見他一手持針懸空，一手在病人後背上輕輕地按壓，用纖長的手指果斷而有力地丈量着，然後摸到後背的一處地方，拇指和食指捏着細針，輕輕地扎進了病人的皮膚，手指略微停留一下，鬆開，

細針筆直地插在那人的後背上。老人繼續從木匣子裏又取出一根銀針，左手摸索着病人的後背，找準了位置右手下針。不一會兒工夫，病人的後背就像刺蝟一般了。

馬可被眼前這一幕驚呆了：這哪裏是治病啊，這不是害人嗎？！

身上扎滿了針，這怎麼辦？不行不行，這種療法太可怕了，我可不想渾身都是窟窿！

溜回外堂，馬可坐立不安，一想到「刺蝟」，就頭皮發麻，不禁縮了縮腦袋——要不趕緊撤吧，這地方不能久留！

齊奶奶看到馬可六神無主的模樣，招呼他耐心再等會兒：

「沒事，馬上就好了，你再坐會兒……」

說話間，內室簾子掀起，走出來一位活潑的少女，穿着粗布衣衫，打扮得非常精神，笑臉盈盈，和馬可差不多年紀。

「前面的病人已經好了，下一位是誰？」

齊奶奶早已把馬可的情況告訴了外堂的人，此刻大夥兒都面帶微笑，紛紛表示先讓這個外國男孩進去見識一下溫郎中的妙手回春。

「那你隨我進來吧。」少女衝着馬可說道。

「啊？我……這麼快？別了吧……」馬可支支吾吾地為難。

齊奶奶從背後推了一把馬可：「還磨蹭甚麼啊，大家都讓着你，還不快進去，讓溫郎中給你把把脈！」

看到馬可遲疑的模樣，少女忍不住撲哧一下，笑出聲來。

「看樣子，你是個膽小鬼嘛！」

「誰說的？！」

一聽到膽小鬼，馬可可不服氣，鼓起勇氣，裝作沒事地掀開簾子，走進內室。

「請！」溫郎中看了一眼直挺挺坐下的馬可·孛羅，彬彬有禮地伸手做了個「請」的姿勢。

馬可不知所措地望着醫生。

「讓你把手伸出來！」站在一旁的少女忍不住插嘴。

「阿蘭，好好說話！」郎中對少女的語氣嚴厲卻不失溫暖。

阿蘭被說了一句，登時臉頰緋紅：「爺爺，你看他膽小的樣子，還來看甚麼病嘛！」

「沒禮貌！這是外國來的客人，不熟悉我們的中醫。小伙子，我們說甚麼，你能聽懂嗎？」

「嗯！」馬可聽到醫生在問自己，立馬點了點頭說：「是的，我正在學中文，基本能聽懂。我第一次來中國，不懂你們的醫術。這牆上掛的是甚麼畫呀？」

阿蘭聽了，微微一笑：「我和你說啊，我爺爺是名醫，這牆上掛的是穴位圖，有我們身體上的每條經絡，圖上每個圓點，都是一個穴位。」

經絡？穴位？馬可聽得一頭霧水。

看着他迷茫的表情，溫郎中耐心地解釋起來：

「年輕人，你看啊，這是我們的針灸。針灸是一門古老的醫術。根據病因，在人體相應的穴位上扎針，可以通經絡，調氣血，使得陰陽平衡。」

溫郎中頓了頓，繼續說道：「來，你伸出手讓我把把脈，別怕。告訴我，哪不舒服啊？」

馬可稍微定了定心，伸出手，枕在桌上小小的綢布墊子上：「我身體很累，沒力氣，也沒胃口，還天天做噩夢。」

溫郎中仔細打量了馬可的臉色，伸出食指、中指和無名指，搭在他的手腕處，輕輕按壓。馬可覺得手腕處彷彿能聽到心臟跳動的聲音。

搭了右手，又換左手。溫郎中一邊用手指感觸着馬可的脈象，一邊瞇起眼睛思索着，自言自語道：「三部脈舉之無力，按之空豁，應指鬆軟……」

「爺爺，他怎麼樣啊？」阿蘭迫不及待地問。

「不礙事，給我粗針就好。」

只見阿蘭從櫃子上取來匣子，熟練地拿起匣子裏一副做工精巧的鑷子，將銀針一根根夾出來。案几上擺放着一盞龍頭油燈，阿蘭夾着銀針在油燈火焰外緣來回穿越，高溫消毒後，小心**翼翼**地擺在爺爺施針的琉璃托盤。

「把衣服敞開，去坐着吧。」溫郎中一邊淨手，一邊對馬可吩咐道。

「這針有這麼粗啊？一定要這麼粗嗎？」馬可一下覺得不自在起來。

「別怕，沒那麼疼！不是一般針扎的那種疼，放心吧，我爺爺可厲害了！」

馬可哆哆嗦嗦地開始脫衣服，露出後背，坐在診室的凳子上。

「小伙子，你放心，不同膚色的人，穴位經絡是相似的。這些針能和我們的身體交流，扎進身體裏，它們就會告訴身體趕緊康復。」

「可是……」馬可想做最後一搏，「可是萬一，這針聽不懂我身體說的話呢？」

「哈哈！」溫郎中忍不住大笑起來，「放心，我的針會說全世界所有的語言！」

說罷，溫郎中在馬可的後背上揣摩、定穴、進針、轉針、留針，再重複循環，動作流暢，一氣呵成。

既來之則安之，都坐在這椅子上了，頂多扎成刺蝟。馬可思量着，反正橫豎都是病着，也不能再壞了，不妨試試。

　　老郎中的扎針，確實不怎麼疼，不似想像中那般恐怖。慢慢地，馬可閉上了眼睛……

　　一次針灸不知不覺就結束了，馬可只覺得渾身上下暖乎乎的，有點兒輕鬆。穿戴整齊，謝過溫郎中和阿蘭，馬可便隨齊奶奶回家去。溫郎中囑咐，連續來十天施針，保證康復無礙。

　　日子一天一天過去，馬可逐漸感到了飢餓，嚐出了不同菜餚的滋味。一旦有了食慾，進食香了，身子骨兒就慢慢恢復了體力。馬可的肌肉不再沉沉的酸痛，噩夢次數逐漸減少，一切都向着康復的方向好轉。

　　與此同時，因為天天往診所跑，馬可和阿蘭也日漸熟悉起來。

　　不忙碌的時間裏，阿蘭會對着爺爺牆上的人體畫，給馬可講解中醫針灸原理。

　　「這些經絡，就是我們人體氣血運行的通路……」

　　這一切對馬可而言，都是那麼新鮮，聞所未聞！

　　「這就是父親告訴我遠方的國度裏神奇的事物啊！真是開了眼界！」

　　阿蘭不但給馬可講解經絡穴位，還把爺爺櫃子裏裝滿了銀針和草藥的匣子，一個一個搬出來，好讓這個外國來的小夥伴看個仔細。

　　十天的療程很快結束了。溫郎中給馬可做完最後一次針灸後，從草藥櫃裏翻出兩個瓷瓶，遞給馬可：「我知道你們還要往東走，這一路難免遇到毒蟲蛇蟻，這叫百香液，是驅蟲良藥，在身上抹一點兒，一般的蟲子就不會來叮你了！」

　　馬可接過瓷瓶，拔出一個瓶塞：「啊！那天我聞到的清香，原來就是這個藥水啊！謝謝溫郎中！」

　　馬可的病好了後，商隊就準備啟程了。馬可跟這裏的朋友一一告別，雖然捨不得，但是他們必須上路了。

　　馬可記得走的那天，他和父親的隊伍走出很遠了，還能看到曾經幫助他的齊奶奶、溫郎中和阿蘭揮手告別的身影。

　　父親催促前行的聲音將我的思緒拉了回來，我把手裏的瓷瓶又塞進了衣兜裏。我告訴父親，這一路的人對我們都挺友好的。父親說，這裏是東方，是在中國的土地上。

　　突然，叔叔指着前方，提高了嗓音：「前面就是山區啦！我們要進山啦⋯⋯」

第二章
喜馬拉雅山

山谷的微風吹走了我紛亂的思緒，翱翔天空的雲雀帶來了新的征程。周圍是層層的密林，偶爾透過樹杈的縫隙，能看到遠處山巔的皚皚白雪。

　　雪山，又是雪山！我心中只有興奮，因為父親說過，雪山的背後，是一片遼闊而富饒的土地。只是我並不知道，真正的考驗還在後頭。

　　「父親，快看！前面的雪山就像我們曾經翻越的亞拉臘山呢！」馬可・孛羅指着遠處的山頂，大聲朝父親喊着。

　　尼科洛將手中的韁繩交到夥伴的手中，順着馬可指的方向看去，重重疊疊不知道有多少山峯屹立在他們行進的方向。山峯之上似乎正颳着狂風，將山頂上永凍的冰雪吹散，化成一片雪霧，像一個光環籠罩在上空，也籠罩在他心頭。

　　尼科洛抬手遮在額前望了望天空，時間剛到晌午，算了下時間，他開始有些心焦。

　　「兒子，這可是喜馬拉雅山脈。」

　　尼科洛牽過隊伍後面上來的馬，用力地往上拽着。山路越來越陡，重負之下的馬漸漸力不從心。

　　「如果把亞拉臘山比作威尼斯的大運河，那眼前的喜馬拉雅山，則是寬廣無邊的亞得里亞海！」

　　馬可一聽，顯然沒有理解父親話裏的擔憂，反而顯得更興奮了：

　　「是真的嗎？那這一段一定會是最精彩的旅程！我們會翻過它們嗎？我們會征服那些山峯嗎？」

　　這時，叔叔馬泰奧走了過來，看着山頂的雪霧，憂心忡忡地對尼科洛說：

　　「哥，我感覺不妙！可能要變天了。之前我們沒有走過這條路線，我怕……」

　　尼科洛點了點頭，卻沒有接他的話，而是朝行進着的隊伍高聲喊道：

「各位，再加把勁兒，我們要進山啦！」

馬可也學着父親，幫忙拉韁繩把馬往上坡的方向趕。不多會兒，就大汗淋漓。

「快看！前面有屋子！」

眼尖的馬可指着遠處，提高了嗓門。沒等隊伍跟上，他就率先跑上前去。跑到近處，馬可才發現這是一個小村落，村子裏都是木頭搭建的房屋。這在山區非常常見，一來是就地取材很方便，要多少有多少；二來木頭纖維之間有很多縫隙，可以很好地隔絕屋外的冷空氣，起到保暖的作用，在雪山的半山腰建這樣的房屋是最合適不過的了。

「這對老虎太威風了！」身後的商隊慢慢趕了上來，漢金從隊伍中探出身，吧嗒了一口煙袋，沉沉地吐出一口氣說，「不知是誰的傑作，我相信這一定是大師的水準。」

「是啊！父親，你看這對牙齒！」馬可指着雕像頭部，老虎張開的血盆大口中，兩副尖長的獠牙在陽光下閃爍着熠熠的光彩。

「這是我們村的守護神！」

突然身後傳來一個女人的聲音，大家連忙轉身過去，發現說話的是一個年輕的姑娘，穿着布衣，手中挽着籃子，裏面裝着各種蔬果。

「我叫卓瑪，遠方來的客人們，你們一定又累又渴了吧？」

年輕的姑娘笑起來很好看，像山間盛開的百合花，聲音像叮咚的泉水：「歡迎來我的村子，快進來歇會兒吧。」

尼科洛和馬泰奧道了聲謝，示意商隊一起跟着姑娘進了小村。

一路上村民們紛紛從田間地頭站起身來，好奇地盯着隊伍看。這樣的商隊可不常見，要知道山下的小販都很少來光顧，更何況如此龐大的一支異域商隊呢。

「大夥兒都餓了吧，來嚐嚐，這是我們當地的犛牛奶酪，還有酥油茶，哦，這是乾麵包圈。」

卓瑪姑娘熱情地從家裏拿出各種特色小吃招待起來。

馬可早餓壞了，只見他左手捏着奶酪，右手抓着不知道甚麼肉乾，一個勁兒地往嘴裏塞。眾人看得哈哈大笑，都讓他慢點兒吃，別噎着。

尼科洛喝了口熱氣騰騰的酥油茶，開口問道：

「卓瑪姑娘，謝謝您的招待。我們這是第一次進山，對這裏的氣候和地形都不熟悉，不知道村裏有沒有人願意擔任我們的嚮導？」

卓瑪柔柔一笑，說：「我的未婚夫強巴是一個非常出色的嚮導，之前跑單的商人或是村裏的大夫需要帶路，都是他給引路。他是我們村裏最棒的獵戶。」

　　話語間，透露出滿滿的自豪和愛意。

　　一聽這話，尼科洛和馬泰奧互相對視了一眼，急忙開口問她：

　　「其實我們之前已經耽擱了很久，現在急着趕路，不知道明天能不能請他為我們帶路呢？」

　　看着卓瑪姑娘略顯為難的樣子，尼科洛連忙補充說道：

　　「卓瑪姑娘，我們會支付報酬的，一定會讓您和您的未婚夫滿意。」

　　「不不，我不是這個意思……」卓瑪知道自己的猶豫讓對方誤會了，趕忙解釋說，「並不是我不樂意，而是……」卓瑪姑娘欲言又止地抬頭看向遠處的羣山。

　　這時，一直在旁圍觀的村民見這些異族商人與卓瑪相處得頗為融洽，也漸漸放鬆了戒備，圍了上來。一聽到對方想找嚮導翻越羣山，也都議論開去。

　　一位拄着拐杖的老者撥開圍觀的村民，看年紀應該是村裏最年長的老人，他說：

　　「遠道而來的異族人啊，我們雪巴人最擅長翻山越嶺，也是最熱情好客的。但是，你看那山巔的雪霧，那是山神在怒吼，是風雪天的前兆啊。」

　　聽着這話，一直在埋頭吃東西的馬可也停下了嘴裏的動作，用手背擦了擦流油的嘴角，抬頭順着老人的手指的方向看去。

　　「老爺爺，沒關係的，我們一路上過來，在亞拉臘山也遇到過風雪。我們會順利過去的。」說着，馬可又啃了塊奶酪，指着抽煙袋的漢金，「不信你們問他，我們就是在那兒相識的。」

　　老人看了眼馬可，眼角露出一絲的感慨：

　　「小伙子，我不知道你說的亞拉臘山在哪裏，但是我知道，喜馬拉雅山是最偉大的山，喜馬拉雅的山神也是最讓人畏懼的山神。你看到村口的兩座巨虎雕像了嗎？」說着，老人用手中的拐杖指了指身後村口的方向。

　　「這是喜馬拉雅山上獨有的白虎，也是我們雪巴人的守護神，只有得到了牠的守護，才能夠在風雪天進山。」

　　老人粗粗喘了幾口氣，很顯然，連續說這麼多話，讓老人感到疲憊。但提到守護神白虎時，還是能感受到他心底的自豪：「我不是不同意派人給你們做嚮導，但是要等到滿月。只有滿月的日子，才有可能得到白虎神的庇佑。」

　　「老爺子說得沒錯。」

　　這時，從老人身後站出一位青年男子，古銅色的臉上兩道劍眉，顯得英姿勃發，身後背着打來的山雞、野兔。原來是強巴回來了。

　　青年看了看卓瑪姑娘，眼神裏滿懷愛意，之後又看向商隊：

　　「我不是擔心酬勞才不願帶各位進山的。各位遠道而來，可能不清楚喜馬拉雅山的恐怖。如果山巔的積雪紛飛成霧，就意味着將有大雪封山。在這樣的風雪中，只有神山的白虎才能出入山間。人類如果想要通過，別說是你們帶着大隊的行李，就是最了解大山脾氣的獵人，也是不可能的。」

　　馬可剛想反駁，但是被父親的一個眼神止住了。

　　「原來你就是卓瑪姑娘口中最棒的獵戶啊！聞名不如見面，果然名不虛傳。」尼科洛的話音剛落，就看到強巴自豪地挺起了胸膛。

　　「不過可能你也沒有她說得那麼厲害吧，」尼科洛與馬可對視一眼，狡黠地一笑，繼續說道，「我們雖然是第一次來到喜馬拉雅山，但之前也聽商人朋友們說過，喜馬拉雅山另一側的山腳下，也有一個小村。那裏的村民說他們才是最優秀的獵戶，無論是甚麼天氣，都能隨意進出山中。這麼看來，你們村果然不如另一側的小村呢。」

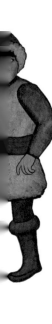

「你說甚麼？我們村的強巴怎麼可能比不過山那頭不知名的小村！」一個村民急着嚷道。

「是啊，那村子我曾經也去過，哪裏有甚麼獵戶，無非是幾個會耍弓箭的漢子而已，怎麼能和我們比！」

村民們紛紛為強巴鳴不平起來。

「哈！如果嘴上說厲害就真的厲害，那我們不如對着喜馬拉雅山講故事呢，說不定山神還會笑着讓我們過去。」馬泰奧一下就明白了哥哥話裏的意思，這是激將法，於是也跟着幫腔。

但是淳樸的強巴哪裏知道威尼斯人的心思，撂下肩上的獵物，向前一步跨到尼科洛的身前：

「雖然我沒有去過山那邊的村莊，但是雪巴人的尊嚴不容傷害！既然他們可以帶人風雪天進山，那我也可以！休整一晚，我們明天一早出發！」

「那我也一起去吧，好有個照應。」另一個村民走上前，驕傲的神情像一隻勝利的公雞。

馬可終於知道父親和叔叔葫蘆裏賣的甚麼藥了，他捂着嘴拼命想笑，臉被憋得通紅。

很快，夜色拉上了黑色的綢緞，覆蓋了整個天際，繁星像點綴着的寶石，灑落點點熒光。村民們為明天即將啟程的商隊準備了豐盛的晚宴，卓瑪姑娘則獻上了最美麗的舞蹈為眾人祈福。

第二天天剛蒙蒙亮，商隊在村民們的護送下離開了村莊，卓瑪和強巴更是依依不捨地揮手分別。

原本以為進村的山路已經非常陡峭，但是從小村出發，大夥兒才發現自己真的小看了喜馬拉雅山的雄偉。隨着海拔越來越高，一路上的植被開始發生變化，寬大的葉片變成了瘦窄的針葉，大片的草地變成了頑強的灌木。但這些都不重要，高原缺氧才真正困擾着大家。

　　「各位千萬要打起精神！」強巴走在最前面，看着疲憊的眾人，他也有些緊張，「大家一定要時刻保持清醒，互相之間要多注意，一定不能做『睜眼夢』！」

　　「『睜眼夢』？那是甚麼？」

　　呼吸困難也沒能讓好奇的馬可安靜下來。

　　強巴猶豫了一下，但還是解釋道：「『睜眼夢』是翻越這些山峯最大的敵人，你一旦開始做『睜眼夢』，白虎神也救不了你。」

　　「我看你是被雪山嚇到了，哪有睜着眼睛做夢的。我倒是真想念齊奶奶做的熱

湯了，現在要是能熱乎乎地喝上一碗，那味道！」馬可低聲嘟囔着，邊說邊咂吧了下嘴。

不過很快，馬可就領教了「睜眼夢」的威力。

他們走上了被永凍冰雪覆蓋的山稜，已經看不到半山腰的村莊。向四周看去，到處都是白茫茫的，似乎離山頭越來越遠，永遠也到不了。

馬可也有同樣的感覺，他恨不得自己像自由翱翔的山鷹一樣，能長出翅膀，輕輕飛過山頭，到達心生向往的東方。想着想着，他感覺自己的身體變輕了，留在身後的腳印也變淺了，看向身體兩側，居然真的長出了潔白的羽翼。

這一發現讓馬可驚喜不已，他來不及告訴父親這一驚奇的變化，而是試着控制翅膀，努力拍動了兩下。隨着翅膀的揮舞，有一股氣流從身下推動着自己。這股氣流越來越大，馬可發現自己已經雙腳離地，雙翼猛地張開到最大。他能感受到風在翅羽間的流動，他能感受到大地對他的束縛越來越小，他能像高飛的雄鷹自由穿梭在雲間。

天哪,他真的飛起來了!

「馬可!馬可·孛羅!」突然,馬可聽到有人在喊他,這聲音好像來自遙遠的地方,聽得不那麼真切。但是他能感覺到自己飛得越來越重,可能是獵人的套索套住了他的雙腿。

馬可低頭一看,突然嚇出了一身冷汗!眼前哪裏是甚麼雲彩,而是萬仞懸崖!腳下也不是獵人的套索,而是威賽如鐵鉗般的雙手,緊緊抱住了他。

「兒子!兒子你怎麼樣?」父親的聲音越來越近,跑上前來緊緊抱住馬可,用力往後一倒,將幾乎要翻身墜崖的馬可從生死邊緣拉了回來。

「我……我這是怎麼了?」馬可驚魂未定,說話的聲音打着顫,「我……我記得我變成了山鷹,翱翔在風的懷抱裏。」

這時強巴也氣喘吁吁地大步走了上來,見馬可沒有大礙,長出一口氣:「還記得我說的『睜眼夢』嗎?你沒有變成山鷹,卻差點兒變成了山鷹的晚餐。」

叔叔馬泰奧也趕忙說道:「是啊是啊,剛才看到你伸着雙臂,嘴裏說着甚麼『我飛了』就要跳崖,我和你父親大聲喊你你也沒聽見。幸好威賽離你不遠,抱住了你,不然……」

「啊!」馬可這才知道,自己剛才在鬼門關口走了一遭。

山路越來越陡,山間的天氣狀況急轉直下。

「聽,是虎嘯!」強巴抬手攔下了眾人的步伐。

隨行的另一個村民也伸出手,側耳凝神分辨:「這下不好了,山上有虎嘯聲,是強風掠過山峯時發出的聲音,預示着暴風雪很快就要來臨。

雖然現在只是飄小雪花，但如果我們還想翻山，就一定要抓緊了，否則絕無可能。」

　　大家一聽這話，立刻強打起精神加緊趕路。所幸的是，前方是一處山間較為平緩的冰川，強巴終於能將一直提着的心，稍稍往肚子裏放一放了：「到了這塊冰川，路會好走很多，至少我們不用向上爬坡了。」

　　另一個村民也贊同強巴的說法：「是啊，這樣我們就可以加快步伐。等我們走完這段山路，越過前面那個山峯，高山會替我們擋住暴風雪的怒吼。」

　　但村民的話音剛落，原本零零散散飄落的雪片，驟然變成了大片大片的雪花，伴隨着狂風，朝他們奔騰而來。輕柔的雪片也變成了鋒利的刀子，颳着裸露在外的皮膚，生疼不已。

　　「我想我們可能來不及在雪下得更大前越過山峯了。」尼科洛十分擔憂，「我們還有這麼多馬匹和貨物，只能先找個地方避避風雪才能再上路。」

　　「前面不遠處有一個山坳，那兒應該足夠我們暫時躲避一下了，希望風雪能慢慢變小。」

　　強巴的聲音有些顫抖，他說這話心裏也沒有底，誰知道這場風雪會颳多久。

　　就在這時，馬可感到胸前一陣暖意，就像每一次危險降臨前的徵兆一樣。他停下腳步，站在原地從懷裏掏出玉墜，玉墜上的飛龍正在瘋狂地閃着金色的光芒。

突然，一陣轟鳴，就像大地裂開了一樣，整個冰川都開始震動。

「雪崩啦，雪崩啦！」

不知道是誰大聲喊了出來，只見山頂的積雪開始劇烈地晃動，碎裂的冰雪像綻放的煙花佈滿了整片天空，遮住了所有的光明。隊伍裏的馬揚蹄嘶鳴，不需要甩鞭子，牠們一下子就向前躥了出去。

滾滾雪流，挾帶着山峯的咆哮，幾乎在轉瞬之間來到。

人們追趕着瘋跑的馬向前跑，終於躲過了積雪的洪流。但馬可就沒有這麼幸運，在他從懷裏掏出玉墜的那幾秒時間裏，已被成噸的白雪壓在了下面。

馬可周圍一片黑暗，似乎連呼吸都已經停止，身上沒有一點兒知覺。他努力想看清四周，但是依舊是一片漆黑，他甚至懷疑自己究竟有沒有睜眼。

「我是昏迷過去了嗎？我在哪裏？父親，叔叔，威賽，漢金，你們在哪裏？」馬可奮力吶喊，但是沒發出一點兒聲響。寂靜，比最深的夜更寂靜；孤單，比盼望遠航的父親歸來更孤單。

不知道過了多久，馬可感覺到眼前有一絲光亮。生怕是自己的錯覺，他努力眨了眨眼──是飛龍玉墜，這一點兒光亮，雖然只是一點點，也讓馬可的心中產生了生的希望。

透過微弱的熒光，馬可看到兩個巨大的黑影向他走來。雖然看不真切，但他隱約覺得這兩個黑影，似乎很熟悉，好像在哪裏見過。

一個渾厚的聲音響起：

「狂風是神山的怒意，暴雪是喜馬拉雅的領地。這些人居然敢在這個時候進山，真是不知天高地厚。自己招來的罪，雪崩是大山對他們的懲罰。」

另一個聲音略輕，也更柔一些：

「大山已經懲罰了這些人類，在領教了山的力量之後，他們應該會懂得尊敬喜馬拉雅。」

「哼！」那個渾厚的聲音重重地哼了一聲，「難道你還想救這個小子？都是他自找的。」

溫柔的聲音說：「別這樣，難道你不覺得這個男孩的性格很像你當年的脾氣嗎？一身正氣，血氣方剛。我想，你不會讓他就這麼長眠在冰雪之下吧。」

接着，外面就沒有了聲音，只是這身上覆蓋的冰雪，讓馬可開始渾身哆嗦，不知道自己還能堅持多久。

「好吧，那就放他出來吧。」渾厚的聲音貌似心軟了。

一聽這話，馬可的心快蹦出嗓眼了，終於得救了。但是沒等他高興起來，就聽到一陣接一陣震耳欲聾的虎嘯聲響起。

馬可·孛羅只覺得身上的重壓漸漸變輕，從一開始的難以呼吸，變得勉強能夠挪動手指。突然，他感覺一陣陣溫熱的呼吸朝他的臉龐吹來，像和煦的春風，像亞得里亞海風，像母親溫柔的撫摩。

馬可漸漸能感受到四肢傳來血液的溫度，他終於能夠暢快地呼吸了。馬可用盡全力睜開眼，想看看究竟是誰救了自己──兩個巨大雪白的身影，正扭過頭，緩緩離去。

想起來了！這熟悉的身影──正是村口那兩尊栩栩如生的白虎雕像！他不會認錯，那尖長的獠牙，就是村民口中的白虎神！

他想起身喊住救命恩人，但是渾身酸疼，一用力就猛烈地咳嗽起來。

「謝天謝地！馬可！我親愛的兒子！」

馬可的父親尼科洛第一個找到了馬可，跪在雪地裏緊緊地抱住自己的兒子。

「白虎！白虎神！」馬可艱難地從牙縫中擠出幾個字來。

「白虎？在哪兒？」大夥兒紛紛四下張望，但是哪有白虎的蹤跡。

「馬可，你沒事就好！如果你有甚麼意外，我真的不知道……」父親哽咽着說不下去了。

「剛才是白虎神救了我，真的。」馬可喘勻了氣，起身朝白虎神消失的方向看去。可雪地上連虎爪印都沒有留下。

難道只是我的幻覺？摸着脖子上的飛龍玉墜，我相信自己看到的和聽到的就是白虎神！雖然沒有任何的痕跡和證據。

強巴催促大家趁着風雪漸小，繼續攀山。

或許是因為白虎神的庇佑，接下來的路程出奇順利，我們很快就把風雪甩在了身後。

過了冰天雪地，等待大夥兒的可就是完全另外一番景致了。

第三章
大漠邊際

崇山峻嶺已經被遠遠地甩在身後，當它們化作視線中一個微不足道的小點時，我們的商隊來到了塔里木盆地的邊緣，一個邊塞的小鎮——洛浦縣。

　　還沒有進入縣城，我就已經聽到喧騰的人聲。自從離開喜馬拉雅山麓的白虎小村，告別獵戶嚮導，我們已經很久沒有接觸過如此熱鬧的人羣。

　　此刻正是白天最熱鬧的時刻，洛浦縣雖然不是甚麼大城市，但在這邊陲地區，也算是人流密集。

　　並不寬闊的街道上擠滿了人。有纏着頭巾的商人，像馬可·孛羅一行人一樣趕着牲口拉着貨物在匆匆趕路；也有光着膀子在表演噴火和舞蛇絕技的賣藝人，大聲吆喝着，身邊的喝彩聲一陣高過一陣；還有更多的，是街道兩旁或推着小車，或擺下幾塊白布，就地鋪展開商品的小販，形形色色的玩意兒，惹得行人流連駐足。

　　初來乍到的馬可剛一走進縣城，就被這樣的場面震驚得說不出話來。

　　在他的印象中，只有威尼斯的水上集市才能勉強和眼前的場景相媲美，但水上集市最擁擠的是塞滿河道的貢多拉，而此刻滿眼都是從沒有見到過的人和物，耳邊也充斥着不同的語言腔調。

　　雖然他抑制不住地想掏出身上的金幣去街上逛個痛快，但是邊境客棧那次不愉

快的經歷，還是讓他多長了個心眼兒，將錢袋牢牢捂在懷中，打定主意先飽個眼福，等有威賽或是叔叔馬泰奧的陪同，再來買自己看中的東西。

就在這時，有人從背後重重地拍了他一下。馬可驚懼之下急忙轉身，竟然是愛抽煙袋的漢金，這才舒了口氣。

「可把你找到了！」漢金吐了個煙圈哈哈笑道，「你呀，就像溝裏的泥鰍，天上的燕子，溜得太快了！」

在閒的時候馬可最喜歡聽這位見識廣博的漢金講故事，所以在隊伍裏，和他的關係也最好。

「漢金，你嚇我一跳，我以為遇上壞人了！哈哈，這兒的好東西真多啊！還有用繩子一拉就會撲騰撲騰走路的木偶人呢！不過……」馬可探着腦袋向漢金身後望去，「怎麼只有你一個人，我父親他們呢？」

漢金用鞋跟敲掉了煙鍋裏的灰燼，又裝滿一鍋點燃，慢悠悠地開口：「一進縣城你就走丟了，尼科洛可急壞了，讓我們分頭來找你。這會兒他們估計還在到處找你呢。」

看着馬可一臉委屈的樣子，漢金也不再逗他：「我們說好了，一刻鐘後，就在城外空地集合，那兒適合搭帳篷，這幾天我們就在那兒過夜。」

說着，漢金就領着馬可朝城外的方向走去。

老遠就能看到正在搭建的帳篷，馬可一邊走一邊朝帳篷的方向揮手，可別讓父親等急了。

走到近處，馬可看到父親正在和一個陌生人說話。尼科洛看到漢金領着馬可回來，朝他招了招手，示意馬可過去。

「來，這是我剛認識的新朋友，巴布爾。」父親伸手介紹道，「這是我的兒子，叫馬可·孛羅。」

馬可和巴布爾打了招呼後，尼科洛和他繼續聊：「我想讓你擔任我們的領隊，帶着商隊穿越前面的沙漠，不知道你意下如何？」

「沙漠？前面就是沙漠了嗎？」馬可一下跳了起來，「我還從沒有見過沙漠，只是聽說沙漠裏面有不用喝水也能生存的駱駝，還有帶刺的『鹹人掌』。哦，對了，還

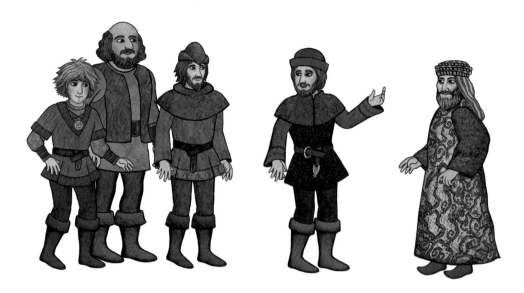

有蠍子，聽說牠的尾巴像針一樣的尖利。巴布爾，是不是真的？」

巴布爾沒有因為被馬可的插話打斷而不開心，反而笑呵呵地說：

「你說得不錯，不過那叫仙人掌，是世界上為數不多生活在沙漠中的植物。至於蠍子嘛，我想你最好還是不要遇見的好。」

巴布爾說完抬起頭，指向不遠處：「洛浦縣的周圍種滿了棕櫚，但是這片棕櫚的盡頭，就是無邊無際的沙漠。要穿越那裏，並不像你想得那樣容易，炎熱的溫度，乾燥的空氣和隨時可能到來的沙暴，還有最可怕的流沙，都可以輕易把你永遠留在那裏。」

馬可大吃一驚，這些都是他沒有想到的。不過他還是不死心，繼續纏着新朋友：

「但是你一定有辦法走過去對不對？我相信我父親的眼光，他想請你做我們的領隊，你就一定有辦法！」

「呵呵，我每年都要穿越這片沙漠好幾次，肯定有我的辦法。」巴布爾開心地笑了起來，彷彿他說的那些困難已經被踩在了腳下，「尼科洛，你的兒子真的是一個機靈鬼啊。」

「這麼說，你答應成為我們的領隊了？」尼科洛和馬可齊聲問道。

「嗯，我答應了。」

「萬歲！」馬可立馬蹦了起來，「我們要探險沙漠啦！那還等甚麼，趕快出發吧。」

巴布爾趕緊拉住了上躥下跳的馬可，態度嚴肅起來：

「穿越沙漠可不是開玩笑，在沒有充足的準備之前，誰都不能輕易嘗試。我們還有很多準備工作需要做，我會和你的父親仔細商量。」

馬可的心早已飛向了神祕的沙漠深處，哪裏還安靜得下來。他拉着巴布爾就往商隊的帳篷跑去，向隊員們一一介紹新的領隊。

　　夜幕低垂，皓月當空。夥伴們圍着熊熊燃燒的篝火，放鬆疲憊多日的身體，伴隨漢金的歌聲，思緒隨風飄揚。

遠方的人兒且留下
漫天黃沙不要怕
不是那風兒吹得猛
不是那駱駝走不快
是你母親放不下

遠方的人兒且留下
漫漫長路不要怕
只要你認得天上星
只要你帶足了泉水
母親才肯放手啊

遠方的人兒且留下
思念家人不要怕
只要你不貪富和貴
只要你不圖名和利
神明會帶你回家
⋯⋯⋯⋯

　　把玩着陪伴一路的玉墜，聽着古老的歌謠，馬可・孛羅只覺得眼皮越來越重。在恍惚之間，他的思緒已飛上了天空，朝着沙漠的深處，朝着遙遠的東方，一路飛翔。

懶洋洋地睜開眼，馬可伸了個懶腰。好久沒有這樣放鬆地睡覺了，只聽得肚子咕嚕嚕地叫喚。

正從他身邊走過的威賽聽到了馬可肚子的召喚，爽快地拍了拍他的肩膀說：「走！帶你去找好吃的！」

時間還早，街道上不比昨日那般熱鬧，但是正值飯點，各個飯館、點心鋪和酒館的招徠聲一陣蓋過一陣。馬可用力地吸着鼻子，循着誘人的飯菜香味，來到一家家店鋪。每次威賽問他想不想進去嚐嚐，他總是要再看看還有甚麼更好吃的，忍着肚子一次又一次的抗議，走向下一家店鋪。

　　「進來看一看嘍！本店特色招牌菜，烤雞腿，吃過的都說好！店長推薦，黃燜羊肉，又香又嫩還不膻！今日特價菜喲，清蒸茄子，清淡爽口，提神解乏！」一道女聲傳來，吸引了馬可。

　　「羊肉……」馬可舔了舔嘴脣，好久沒有吃羊肉了。

　　「雞腿……」馬可嘴角流出晶瑩的液體，從小他就喜歡吃雞腿。

　　「茄子……」對了，茄子！在老家都是烤茄子，清蒸的？聽起來很不錯喲！

　　見到馬可這副模樣，威賽一下子就明白了：「走吧，小伙子！我們去這家店看看，正好，我也好久沒嚐過羊肉的滋味了。」

　　說着，威賽摟住馬可，大步順着聲音的方向走去。

　　見威賽和馬可迎面走來，一直站在門口吆喝的大嬸立刻笑盈盈地迎了上來：

　　「兩位第一次來洛浦縣吧？想吃點兒甚麼？」一邊說，一邊將二人引進身後的酒館。

　　威賽一愣：「你怎麼知道我們是第一次來？」

　　「呵呵！」大嬸掩面一笑，指了指馬可，「只有第一次來的客人才會露出這樣的表情呢。」

馬可這才反應過來，揩了揩嘴角說：

「這兒甚麼最好吃就要吃甚麼！」

大嬸帶着二人利索地繞過幾張桌椅，來到後廚說：

「我們這兒甚麼都好吃，喏，我也不用多做介紹，你們自己看吧。新鮮的食材都擺在這裏，加上我的手藝，保管你們吃甚麼都香！」

大嬸話音未落，馬可就已經被眼前的各種食材驚呆了：紅紅的番茄鮮豔飽滿，碧綠的菠菜好像剛從地裏摘下，還留着泥土的芬芳，帶刺的黃瓜上掛着晨露，就連雞蛋也是熱乎的，像是剛從雞籠裏取來⋯⋯

「我⋯⋯我⋯⋯你這裏的招牌菜都來一盤吧！我感覺現在餓得能吃得下一頭牛！」

馬可索性不看了，越看越餓。他拉着威賽出了後廚，找了張乾淨的桌子坐下。

大嬸繫上圍裙轉身回到廚房，後廚隨後就響起了叮叮噹噹的切菜聲。過了沒多久，像變戲法一樣，桌上就擺滿了菜。

面對一桌珍饈，馬可早就不記得甚麼餐桌禮儀了，擼起袖子就和一桌子的碗碟較上了勁兒。威賽一開始還顧及一些形象，但當他發現盤中菜正在以飛快的速度減少時，他也只能埋頭專心地吃起來。

「呵呵，慢點兒吃，沒有人和你們搶啊。」大嬸用圍裙擦了擦手，「我叫姜穎，很高興認識你們。」

馬可含糊地打了招呼，又投入到了新一輪的戰鬥中。

「姜穎！你給我過來。」

這時，後廚傳來高呼把馬可和威賽嚇了一跳。

姜穎趕忙起身，指了指廚房，對他倆小聲說了句「老闆」，然後小步跑了進去。

「你怎麼回事！我讓你留着招待熟客的頂級食材呢？還有那隻今早運來的小羊腿？」後廚傳來男人的咆哮聲，「你不會拿好東西給外面那兩個過路客吃了吧？」

咆哮的男人顯然並不打算避諱馬可和威賽，嗓門之大引得酒館外的路人都駐足觀望。

「老闆，生客熟客都是客人。與其把這些美好的食物端給不懂得欣賞我廚藝的人，倒不如讓最需要食物的客人吃下肚呢。這是我的廚道！」姜大嬸的聲音不大，但據理力爭。

「你居然還和我講廚道！到底你是這裏的老闆還是我是老闆！外面這兩個不過是路過這裏，哪怕再欣賞你的廚藝，明天就走了！這怎麼吸引回頭客？」男人的聲音越發大了。

越來越多的人被這爭吵聲吸引了過來，從人羣中擠出長着娃娃臉但眼神機靈的姑娘，約莫十四五歲的樣子，手中抱着乖巧的小貓。小姑娘快步走到廚房門前，看着裏面劍拔弩張的兩人，不敢插嘴。

「還有你！整天抱貓在店裏晃來晃去，要是遇上不喜歡貓的客人怎麼辦？人家扭頭就走了！你們娘兒倆除了知道給我找麻煩還會幹甚麼！」

威賽看到一隻男人的手臂伸了出來，指着娃娃臉劈頭蓋臉罵了過去：「你們要是不想幹，就給我滾！現在就捲鋪蓋走人！」

雖然才剛認識這位漂亮的廚娘，但是馬可最受不了欺負女人的男人。他丟下碗筷準備上前，一把被威賽拉住。

「走就走！反正我也早就不想幹了！我的廚藝放在你的小酒館裏，就是活活被糟蹋！春華，我們走！」

說着，姜大嬸一把扯下圍裙，拉着娃娃臉的姑娘出了酒館。

「不錯！好！」威賽忍不住拍手叫好，「這樣的老闆不像話，馬可，我們也走！」

正好馬可也吃得差不多了，丟下幾枚銀幣當作飯錢，快步跟上威賽。

「那現在我們去哪兒？」

出了酒館，馬可打了個飽嗝兒，想到昨天小商小販的各式物件，馬可的心蠢蠢欲動。

「很快我們要動身穿越沙漠了，早上出門前你父親給你一個任務……」威賽遞來錢袋，神祕地說，「你今天的工作是大——採——購！」

採購是馬可最喜歡的事了，還記得從故鄉出發前，馬可和多娜塔跑遍威尼斯，幾乎整船食物都是他一手包辦。

看着錢袋裏的採購清單，馬可立刻鑽進人流。

「饟餅、葡萄乾、鹽……」馬可沿街一家一家店、一個一個鋪子地購買。由於量大，他沒法兒隨身攜帶，只是付個定金，讓老闆送到營地。

「老闆，你家有肉乾嗎？」馬可探進半個身子，向店內喊道。

瘦小的男子循聲而出，看到是年輕的馬可來買東西，而且身邊也沒有人跟着，眼角閃過笑意：

「小伙子要買多少啊，我家的肉乾很不錯，你如果買得多，還可以便宜。」

「我要四十公斤，多少錢？」馬可很爽快。

瘦小的老闆從身後的一個大袋子中取出一塊肉乾，遞給他：「你嚐嚐，這是最好的牛肉，四十公斤就收你四十五個金幣吧。」

馬可接過老闆遞過來的牛肉，放進嘴裏。味道的確不錯，鹹度適中，又不太硬，很好嚼，於是他伸手就要去掏錢袋。

「老闆，你這算盤打得好啊。」

女聲從馬可身後響起，隨着噔噔的腳步聲，正是姜大嬸走上前來。她從馬可手中拿過牛肉乾，朝馬可眨了眨眼，讓馬可心生疑惑。

「哎喲，這不是姜大廚嗎？今天酒館要採購點兒甚麼？」老闆一見姜大嬸，臉上立刻堆滿了笑意，像個小籠包，褶子裏套着褶子。看來他還不知道姜大嬸已經從酒館辭職了。

「老闆這肉乾是新貨嗎？」

姜大嬸把玩着手中的牛肉，戲謔地看着對方。

「這……」

小店老闆搓了搓手，看了眼姜大嬸身後的馬可，不知道該怎麼回答。

「剛才我讓小夥計先過來，沒想到我不親自來，你竟耍手段。這不太好吧。」姜大嬸的語氣隨意，但是隨意中透出冰冷。

「哈哈，姜大廚哪兒的話，我不是和小哥開玩笑嗎？這種肉乾怎麼會賣給他，你看這兒，這袋才是這個月剛到的。你想要，給你成本價，四十個銀幣！哈哈。」

老闆也是聰明人，看到姜大嬸出手，哪裏還敢以次充好。指着另一個麻布袋子說。姜大嬸也不多話，讓馬可照價付了錢，又說了地址，讓老闆按時送到營地。

出了店門，走出老遠，馬可才開口問：「大嬸，你是怎麼看出來那肉不好的啊？我覺得挺好吃的呀。」

漂亮的廚娘沒答話，只是從馬可手中接過購物清單，稍微掃了一眼，說道：「看你買的這些東西，是打算遠行吧？你們是要穿越沙漠？」

雖然不知道對方是怎麼看出來的，但馬可還是如實點了點頭。

「既然是要進沙漠，肉乾不能按你剛才的要求選。」姜大嬸看到馬可滿臉疑惑，耐心地解釋給他聽，「第一，肉乾好壞，不是用口感衡量。你吃那種的確好嚼，但是水分太多，價格就會虛高。第二，你吃那種有淡淡的甜味，那是因為存放時間太長，有了異味，商家增添了甜味來掩蓋。第三，只要曬製得當，哪怕不加鹽，肉乾也能長時間保存，而加了鹽，就額外增加了份量，不如多備一些鹽巴更實在。第四……」

馬可越聽嘴張得越大，他根本不知道，原來買肉乾會有這麼多學問！他在為自己無知感到汗顏時，更覺得背脊發涼。要不是碰到姜大嬸，買東西不僅貴，還可能買到次品。

「大嬸，你願不願意和我們一起？我父親的商隊，打算穿越沙漠，去最東方的大都呢！」

回過神來的馬可突然想到，能有姜大嬸在隊伍中，以後頓頓都是美味了！

「呵呵，反正我已經沒工作，去哪都無所謂，只要能做飯給真正愛吃的人就行！」姜大嬸笑呵呵地答道，「我還要把春華帶上，她是我女兒，抱貓那個姑娘。」

馬可興奮地一蹦三尺高，說：「走，我帶你去見我父親，他一定會和我一樣高興。」

　　與此同時，在離鬧市街區的不遠處，婦女正在共用的井水邊排隊取水。隊伍中間，有一個娃娃臉，身邊還跟着小貓。那正是姜大嬸的女兒春華。

　　隊伍很久沒有動了，春華時不時伸出腦袋往前方看去，但是任她怎麼看，隊伍還是一動不動。

　　「又是那兩個壞蛋，唉，真倒楣。」前面的一個婦女低聲說道。

　　「誰說不是呢，明明是公共的水井，怎麼就變成他們家的了，居然還要收費！」另一個婦女也小聲抱怨。

　　「要不是另一口井在縣城另一頭，我提不了那麼遠，真不想受欺負！」

　　「誰說不是呢！也沒人來管管。」

　　女人嘰嘰喳喳議論起來。

　　沒多會兒，春華終於聽清楚了個大概。原來前面有兩個小混混，霸佔着井口按桶收費呢。而隊伍最前方的婦女因為不願交費，與混混發生了口角，導致隊伍一動不動。

　　剛被酒館老闆一陣數落的春華正在氣頭上呢，又遇上這種欺凌蠻橫的事，自然是不肯罷休的。她把水桶往地上一擱，和前後的女人打了個招呼佔着位子，噔噔噔地跑到了隊伍前面。

「你們幹甚麼！這井是大夥兒集資打的，怎麼就成了你們的私有財產！憑甚麼收費！」

春華一手叉腰，一手指向兩個年輕男子嚴厲地問道。

「嘿喲，這不是姜大廚的千金嗎！」高個兒的那個男子站了起來，一晃一晃地走上前。

「小丫頭這才多大啊，就教訓起人來了。」矮一些的那個人一臉無賴相，也湊了上來。

「你們壞事做得，我話還說不得了？我就要說，讓大家都聽聽，評評理，你們這麼做到底對不對！」

春華也不是好欺負的，雖然個頭沒他倆高，但是聲音可不低。

「嘿嘿，看你這麼漂亮，要不就給我們哥兒倆揉揉肩。揉揉肩就免了你的水費，怎麼樣？」

矮個子給身邊的同伴一個眼色，不懷好意地笑了起來。

春華哪裏受過這樣的氣，上前一步，提高嗓門，幾乎是用喊的聲音說道：

「你們還想使壞！走過路過的人啊，你們都看看，你們都來聽聽，來評評理。強佔着共用的水井要收費，還在大白天的要對女孩子使壞！我就不信，洛浦縣能容得下你們這樣的壞蛋！」

「是啊，你們怎麼能這樣。」

「太過分了，這姑娘說得對！」

「我回去找我家男人來，這樣的壞人，得有人治治！」

本來敢怒不敢言的女人，被春華的幾句話帶動了起來，水靈靈的小姑娘都敢站出來，她們又有甚麼好怕的，紛紛聲討起來。聲勢一上來，把經過的路人也吸引了過來。

圍觀的人越來越多，好幾個壯漢了解了事情的經過，從人羣中站了出來。

「怎麼了？這井是你家的啊？你們想幹甚麼？收費啊？」

做壞事的人終歸心虛，這兩個混混欺負婦孺，當看到摩拳擦掌的壯漢來到身前，大氣都不敢喘。只好在眾人的怒視中，灰溜溜地跑了……

不知是誰帶頭鼓起了掌，很快整個人羣都為春華姑娘的勇敢喝彩！

今晚的篝火特別明亮，我覺得很開心。昨天巴布爾加入了商隊，今天又有姜大嬸和春華來到了隊伍中。

從現在起，每天都有專門的廚娘做美味可口的飯，還有個勇敢機智的同齡小夥伴一起聊聊天解解悶，這真是太好了！

伴隨着漢金的琴聲，大家鬧騰到半夜。直到東方泛起了魚肚白，眾人才紛紛睡去。

第四章
沙下城

等大夥兒正式進入沙漠，才發現水源和綠蔭的珍貴。只要有這倆的地方，說是天堂都不為過。

　　太陽將要落下，餘暉將沙漠表面的空氣烤得變形，扭曲成奇怪的形狀。

　　來時的洛浦縣早已消失在視野中，回頭望去，只是滿眼的金黃。不只是回頭望，站在原地向任何一個方向望去，都是無邊無際的黃沙。

　　「我的天，這才進沙漠第一天！要不是你帶我們找到這個綠洲，我覺得我就要變成一大塊肉乾了！就像它一樣！」

　　馬可‧孛羅四仰八叉地躺在水窪邊，顧不得濕漉漉的身體，從身後的背囊取出肉乾，遞給領隊巴布爾。巴布爾擺擺手沒要，馬可就大大方方地啃了起來。

　　「沙漠的太陽真的是太毒辣了。」

　　比起馬可，春華姑娘略微斯文點兒。她探身將水囊放進湖中灌滿，才飲了起來。喝了兩口又把水囊遞給媽媽。

　　姜大嬸接過水囊，疼愛地用手捋了捋女兒被風吹亂的髮絲。

　　「大夥兒靜一靜，靜一靜！」

　　沙漠領隊巴布爾看了看天色和西邊的落日，拍了拍手吸引大夥兒的注意：

　　「大家稍作休息，我們馬上就地搭帳篷，準備過夜！千萬記住，一定把地釘給釘結實了！同時以我站的位置為中心，所有帳篷開口朝內，圍成圈。」

巴布爾還是很有一套的，在不長的時間內迅速獲得了所有隊員的認可，特別是今天按照他的路線，居然找到綠洲過夜，哪怕只是如此巴掌大小的綠洲，也不得不讓人佩服。

　　「怎麼？你預感今晚會有沙暴？」

　　見大夥兒都去牽駱駝搭帳篷，尼科洛才靠近過來，低聲問巴布爾。

　　巴布爾面色凝重地點了點頭，夕陽照射在這沙漠漢子身側，將他的身影連同心中的擔憂，拉得老長。

　　俗話說，好的不靈壞的靈。

　　巴布爾的擔憂很快變成了現實。在太陽下山之後沒多久，離商隊所在綠洲不遠處，就傳來了一陣像千匹狼一起呼號般的聲響。放眼望去，幾百米高的沙塵，如同一堵移動的沙牆，以極快的速度朝綠洲衝來。

　　如果說這片綠洲是沙漠中一個綠色的水滴，那這堵沙牆就是奔騰的江河。唯一值得慶幸的是，巴布爾安排得非常及時，整個商隊大大小小十幾頂帳篷，早已全部搭建完成，彼此之間用鉤索緊緊扣在了一起。而且帳篷羣與沙暴之間，正好有一片不大不小的胡楊林，兩側是半弧形的幾塊巨石，剛好將整個商隊的帳篷連同牲口和貨物一起包圍在內，像一面天然的盾牌，為商隊提供了堅實的防禦。

　　帳篷外淒厲的風聲將帳篷布吹得啪啪作響，迎風那一側像吃足了勁的主帆，繃得結結實實。沙子像驟雨一般擊打在篷布上，巨大的聲響掩蓋住了帳篷內夥伴們的

陣陣驚呼。

　　這是馬可第一次接觸沙漠，更是他第一次經歷沙暴。他死死盯着帳篷的頂棚，生怕下一陣狂風會將整個帳篷連同自己捲入空中消失不見。只是這樣的恐懼情緒維持了還不到半個時辰，隨之而來的疲倦就佔了上風。

　　很快，他就在這沙漠特殊的歡迎儀式中，沉沉睡去。

　　待馬可再次睜開眼，耳邊轟轟作響的沙暴和沙子擊打帳篷的劈啪聲都已經消失不見。他一骨碌坐了起來，拉開簾子，看見不遠處的巴布爾正站在一塊巨石頂端極目遠眺，並時不時地小聲嘀咕着甚麼。

　　「早上好，領隊先生！」

　　馬可三兩步跑到那塊巨石下，手腳並用地爬到了巴布爾身旁，順着巴布爾的視線向遠處望去：

　　「您在看甚麼？是在尋找下一片綠洲嗎？」

　　「早上好，馬可。」

　　巴布爾打了個招呼，視線卻沒有從沙漠深處移開：

　　「我是在尋找前進的方向。唉，昨晚的沙暴將周圍的地形全吹亂了，我們今天的行進將會困難很多。」

說着，他用手指了指沙漠中的幾個位置：「你看到了嗎，這幾個位置的沙丘昨天是壓根兒不存在的。」

　　「你是說這些沙丘都是昨晚的沙暴吹出來的？」馬可嘴張得老大，足可以放進一個雞蛋。

　　他不可思議地盯着一座沙丘感歎：「可是，這沙丘足足比一個洛浦縣還要大啊！我們昨晚到底經歷了甚麼？」

　　這時春華也爬了上來，一邊撣着身上的沙塵，一邊沒好氣地說：

　　「要是你再早起來一個小時的話，就會發現我們的帳篷，幾乎被沙子埋住了。你往下看看，大夥兒已經把壓住帳篷的沙子都鏟掉了！」

　　馬可往帳篷周圍看去，果然周圍的沙子都有半人多高，唯獨帳篷區域的沙子特別少，像沙漠中的盆地凹了下去。馬可不好意思地訕笑一下，抓了抓後腦勺兒，扯開話題：

　　「那我們會迷路嗎？畢竟整個地形都變樣了。」

　　「雖然這次沙暴威力巨大，但是單憑它就想迷惑我，我怎麼敢帶你們穿越沙漠呢？」巴布爾拍了拍胸膛，非常自信，「辨別方向的方法有很多，比如晚上可以通過星斗的位置判斷，白天可以辨別日相。唯一讓我擔心的，是沙丘的快速移動，可能會產生局部空洞，也就是流沙。」

　　看着馬可和春華滿臉的迷茫，巴布爾耐心地解釋道：

　　「流沙就像一個吞人的陷阱，粗看起來和一般的沙子沒有區別，一旦不小心進入流沙區，你就會像捲入漩渦的帆船，被深深地吸進去，非常危險。」

　　他倆齊齊倒吸一口涼氣：這才是沙漠之行的第二天，前方到底有多少危險在等着大家？

　　「不過你們也不用太擔心。」巴布爾哈哈一笑，「到時候只要你們倆別亂跑，老老實實跟着我走，就不會誤入流沙。」

　　領隊又向兩個孩子交代了一些，看大家已經把行裝都收拾完畢了，便吆喝一聲，繼續上路。

　　昨晚的沙暴將整片沙漠吹得面目全非，前方的沙路上，還能看到狂風肆虐的痕

跡。順着沙丘的方向，沙子被吹成一行一行，就像沙漠的傷痕。

「快看！那兒有座城！」

一看到稀奇的東西，馬可就立刻把巴布爾的交代丟在了腦後，一個箭步躥出了隊伍。

「這座城好奇怪，周圍都被沙子覆蓋了，連城門都看不見，只露出了頂上的一小部分。難道是沙暴將它頭頂的沙丘吹跑了？」

馬可被自己的猜想嚇了一跳，用手捂住了嘴巴。

應聲跑來的尼科洛和漢金也看到了這座奇怪的城，不過從露出沙堆的建築來看，這更像是一個城堡。

「球形的屋頂、青色的牆磚，只有在沙暴之後才有可能現身人間！難道是它？難道是沙漠之城？」漢金口中唸唸有詞，把身旁的馬可和尼科洛嚇了一跳。

「甚麼是沙漠之城？」

尼科洛回憶了一下，似乎沒聽過這個名字。

漢金嘴裏叼着煙袋。由於沙漠實在太熱，抽煙嗆得慌，他只是叼着空煙袋過過嘴癮。咂吧了兩下空煙袋，漢金繼續說道：

「傳說中，沙漠中有一個魔法師的城堡，它有着高聳的瞭望塔，還有用不存在於沙漠的青石磚砌的牆。這座城堡平時隱藏在沙漠之中，只有最幸運的人，才有機會在大沙暴過後看到它。但是還從來沒有聽說過有人能進入其中。因為凡是進入其中的人，都永遠地被魔法師們留在了裏面。」

尼科洛聽完，不置可否地聳了聳肩，拉着馬可的手說：

「雖然我不太相信這個沙漠之城的傳說，不過既然它不會來招惹我們，我們就沒必要去打擾它。不管它是不是像傳說中的那樣神祕，我們也不進去。走，繼續上路吧。」

「父親！」馬可掙脫了尼科洛的手，偷偷用餘光瞟着那座城堡，「父親，如果我保證不亂碰那裏的東西，你會同意讓我去看看的對嗎？我只想進去看一眼，就一眼。看完我就回來，絕不惹是生非。」

馬可比出右手中間的三根手指，放在耳邊，發誓一般地說道。

「本來我也沒覺得有甚麼神奇的，不過被漢金這麼一說，我反而想進去會會那所謂的『魔法師』了，看看他們到底有多厲害。」

馬泰奧走上前來，右手按按腰間的匕首，一副無所謂的樣子。

漢金把煙斗插回後腰，瞇着眼又仔細看了看那座城：「應該不會看錯，就是沙漠之城。哈哈，這傳說玄乎着呢，說是如果有人能進去，又順利地出來，就是得到了魔法師們的祝福。我倒也很想得到一點兒祝福呢！」

尼科洛見自己弟弟和漢金都要去，只能勉強同意。

「我……我也想去看看。」春華有點兒難為情地對馬可說。她早上在綠洲埋怨馬可，生怕他不答應帶自己過去。不過馬可才不是個記仇的人，一點頭就應承了下來。

姜大孃站在尼科洛身邊，看着馬可和春華：

「你們想去就去吧，不過要答應我，絕不能做危險的事情。遇到甚麼情況，要聽馬泰奧叔叔的話！早去早回，晚上給你們做羊肉湯。」

兩個孩子一聽羊肉湯，登時口水快流下來了，他們滿口答應着，向城堡飛奔而去。馬泰奧和漢金跟在後面。

從沙丘之巔看這座城堡，似乎只露出了建築物頂端的一些屋簷瓦當，但當四人走進城堡，才知道大錯特錯。首先，與其把這裏叫作城堡，不如稱呼其為宮殿更為合適。

彩色琉璃鋪貼的玻璃窗，如同一個巨大的萬花筒，將沙漠豔陽折射進宮殿內，灑落一地的五彩斑斕。遠處看起來只是一個不起眼兒的瞭望塔，只有當身處其中時，才發現哪怕只是一個瞭望塔也足足有幾十個人疊起來那麼高。內部的承重柱是

青黑色的大理石，每一根都要五六個成年人環抱。它們底座的外延用玉石鑲邊，再用金絲線勾勒出不同的圖案。有一些是常見的動物，比如駱駝、獅子和老虎，但更多的，是馬可從沒見過的動物，栩栩如生，全然不像一個被狂沙掩埋着的廢墟。

馬可感到奇怪，因為他發現門口最粗的那根柱子底座上，居然有一個開孔，大約手臂粗細，正對着大門的方向。不過還沒等他仔細琢磨，就聽見宮殿裏傳出的喊聲。

「你們快來看，我發現了甚麼！」

春華像燕子一樣飛進了宮殿深處，她的聲音從宮殿裏頭傳來，帶着空蕩蕩的回聲。

馬可和漢金循聲而去，發現一個更大的房間展現在他們眼前。這彷彿是一間圖書館，幾人高的木質書架密密麻排列着，書架上緊湊地放滿了各類書籍。馬可走到一個書架前，發現不僅有紙質書籍，還有竹製、木製的書籍，而另一個書架上則都是羊皮和絲綢製成的卷軸。

「我的天哪！這裏究竟有多少書卷！一個人一輩子也看不完吧？」

馬可·孛羅不顧父親的告誡，隨手取下一卷，在手掌攤開。卷軸似乎是一幅地

圖，可能是藏寶圖甚麼的，紛繁複雜的標線讓馬可頭暈眼花。

「這不僅僅是書多。」馬可只覺得手中一輕，卷軸就出現在飄身而過的春華姑娘手中，「你發現了嗎，這座城被風沙掩埋了這麼久，我們一路走進來的地面卻一粒沙子都沒有。而且你看這卷地圖，一點兒被風化的感覺都沒有，裏面的標記也不曾褪色。」

「你的意思是說，這宮殿裏有人一直在守護？難道真的有魔法師？」

漢金一緊張就把身後的煙袋拿在手中，警惕地四下張望，不知他是想抽上兩口還是當作防身的武器。

「噓──聽！」

馬泰奧將食指比在脣邊，壓低了嗓門兒用只有他們幾個人能聽見的聲音說，同時眼神示意圖書館外有人。

三人會意，各自選了一個書架，將自己藏在書架後。

只聽到類似長袍在地面拖動的聲音，大廳外緩緩走進一個單薄的身影。那瘦削的身形幾乎隨時會因為一陣微風而倒下，他拖到胸前的長鬚如喜馬拉雅的白雪，和潔淨的長袍渾然一體。這道身影的步伐很平緩，幾乎看不出他的腳在動，彷彿是飄到了圖書館中間。

圖書館內沒有油燈的照明，因此這裏是光線最佳的地方。瘦削的身影走到書架旁，抽出一卷羊皮卷，盤腿坐下看了起來。

此時，馬可身後傳來了書籍傾覆的聲音，他連忙回頭，只見春華小臉嚇得煞白，用指尖拼命將書扶正，同時一個勁兒地朝他吐舌頭。

「是有遠道而來的客人嗎？」

那個身影站了起來，身後斜射而入的驕陽被琉璃窗花過濾掉一絲蠻橫，只有斑斕的色彩，將整個圖書館照得炫目異常：「咳咳，不用害怕。我只是一個垂垂老矣的看門人而已。」

春華聞言就要出去，馬可趕忙拉住她，讓她先別動，待自己平復一下心情，先走了出去。剛才只是躲着看，現在正面看到這老者，馬可只覺得心頭一陣顫抖，與對方第一眼交會時，就彷彿被對方看穿心靈。

「老先生您好，很抱歉冒昧進來打擾到您休息。我們本以為這是一座廢棄的城堡，只是好奇想進來參觀一下。我們這就出去！」

根據東方人的禮節，馬可雙手抱拳，躬身作揖。

「你好，小伙子。既然進來了，也不用忙着出去。我是這裏的看門人，你們可以叫我阿迪里。你們幾個也不用藏着了，都出來吧。」阿迪里撫鬚笑道。

漢金率先從書架後現身：

「我叫漢金，愛抽煙袋的漢金。」

「哦？如果我沒記錯的話，你應該就是大名鼎鼎的『行走的歷史書──漢金』吧？」老人微微點頭，似乎對自己的記憶力很滿意。

「您好，老先生，我是馬可，馬可·孛羅。」馬可也恭敬地自報名字。這時春華在馬泰奧的陪伴下也從書架後走出來。

「你為甚麼要看守這個圖書館呢？」春華很快就不再害怕，仰着脖子問老人阿迪里。

「因為……」阿迪里環視了一眼圖書館，眼中滿是愛意，「它值得我為它守護。」

就在這時，馬可胸前的飛龍玉墜閃爍出金黃的光芒，已經頗有經驗的馬可立刻警惕地趴到窗前喊道：

「阿迪里！你說的守護，是指這個嗎？」

大夥兒順着馬可的目光看去，只見在離商隊不遠處的沙丘半腰，有一隊人馬，他

們都纏着頭，用黑色的布幾乎遮住了整張臉，只露出兩隻眼睛閃爍着兇惡的目光。

「不好，這是沙漠強盜！」漢金一聲驚呼，「他們真是狡猾，繞開了尼科洛的視線，幸好被你發現。」

沒有絲毫猶豫，馬可・孛羅跳下窗台：「走！趕緊給父親送信！我們要和壞人鬥！」

「先別急。」阿迪里伸手拉住了馬可，「你們在沙漠中與這些強盜硬碰硬可沒有半分優勢。」

「那怎麼辦？難道束手就擒？不！我要保護母親！」春華姑娘說着也要向外跑去！

馬泰奧此時最鎮靜：

「你的意思是……讓他們都躲進來，我們在此地嚴防？」

阿迪里微微一笑，點了點頭：

「是啊，孩子們。沙漠人有沙漠人的禁忌，除了你們幾個，可沒有甚麼人敢這麼明目張膽地走進黑色方尖塔！去吧，讓他們都躲進來。」

馬可朝城堡外飛奔而去。一聲嘹亮的口哨兒，吸引了尼科洛的注意。這是他們商量好的暗號，如果有甚麼危險或是意外，就用這個口哨兒遠距離通信，還能避免被敵人破解他們通信的內容。

尼科洛大感意外，不知道究竟是甚麼樣的危險會讓兒子用這個暗號。此時尼科洛也想不了太多，招呼了隊員，大家集體騎上駱駝，從沙丘向黑色宮殿疾馳而來。

就在他們來到宮殿前時，伏擊的強盜們也快速跟了上來，只是當他們發現這隊商人竟然鑽進了這神祕的黑色宮殿，一時間竟猶豫不定。

「大哥，這地方詭異着呢……我們要不還是……」

左手提着一柄彎刀的強盜對強盜頭子說道。

「詭異？哼，怕死還做甚麼強盜！小的們！給我衝！搶到手今晚我們吃好的！」

為首的頭子左眉上的刀疤一抖，下令喝道。隨着一陣高呼，強盜們各自甩着手中的武器衝下沙丘。

望着沙丘上騰起的滾滾沙塵，尼科洛一下明白了剛才口哨兒的意思。他也不耽擱，馬上招呼商隊進宮殿躲避。當最後一匹駱駝進入後，宮殿的大門就被內側的馬可和馬泰奧緊緊關上。

驚魂甫定的尼科洛來不及問事情的經過，更來不及打量整座宮殿。漢金將一根十多米長、手臂粗細的木樁抵在了大門上，木樁的另一頭剛好塞進了馬可最初發現的那個柱子底座的孔洞處。

「這是甚麼？」尼科洛看着木樁和底座問。

「來不及和您具體解釋了，父親。」馬可·孛羅說完又跑到門前，再次檢查了門

門情況，「這位是宮殿的守護者阿迪里，這些機關是他早就準備好的，不到萬不得已不啟動。」

「都準備好了，大家跟我到裏面來。」

春華的嗓子最亮，她的聲音一下吸引了所有隊員注意。雖然大家不知道怎麼回事，但是憑着互相之間的信任，還是迅速牽着駱駝跟進了圖書館。

宮殿外人聲蹄聲響作一片，大門遭到了第一輪衝擊。好在衝擊的人數不多，門閂只是晃動了兩下。很快，第二輪、第三輪撞門的聲音也響了起來，門框上落下無數的塵埃。

阿迪里看在眼裏，不住地低聲慨歎。他慢慢垂下眼皮，不知道從哪裏掏出來一串念珠，掛在虎口，唸唸有詞起來，只是聲音非常微弱。

「可能是在禱告吧？」馬可心想。

宮殿外的強盜似乎被這扇撞不開的門搞煩了，可以聽到他們集結人馬。尼科洛知道，對方準備全力一擊。

　　果然強盜動員了所有人手，還利用飛奔的駱駝拴着撞錘衝擊大門。「轟」的一聲，已經出現裂縫的門閂終於被擊碎，急不可耐的強盜大喊着衝進了殿宇大廳。

　　「咯——咯——咯——」不知道哪裏發出的聲音，像是沉重的磨盤在艱難地上下咬合，尼科洛疑惑地看了兒子一眼。馬可只是微微一笑，比出大拇指，讓尼科洛只管放心。

　　從大門破碎騰起的塵埃中鑽出的強盜好像也聽到了，他們屏息凝神四下張望。不知是誰先發現了異樣，只聽得一個聲音，似乎一瞬間胸腔內的所有空氣噴薄而出：「要塌了！快跑啊！」

　　五六個人才能合抱的石柱開始劇烈地晃動，石末和土屑像雪花從穹頂飄落。第一根石柱的坍塌引起了連鎖反應，一根又一根的柱子因為受力不均勻，都開始晃動，幾乎在眨眼間，整個宮殿的大廳坍塌成斷壁殘垣。墜落的石塊、樑柱壓住的強盜不計其數。

　　尼科洛看着眼前發生的一切，目瞪口呆。

　　「父親，這一切都是守護者阿迪里的功勞，他說早在宮殿建成之初，門口的石柱上留下了機關，只要大門受到劇烈撞擊，會觸發石柱的重心偏移，接下去的一切，

只不過是連鎖反應而已。」

　　馬可也是驚懼不已，沒想到這個機關竟然這麼厲害，整個大廳瞬間毀於一旦。

　　尼科洛想向守護者阿迪里致謝，謝謝他為了救商隊竟然毀了宮殿大廳。但此時，阿迪里正閉眼快速捻動着手中的串珠，口中的唸詞也是漸漸加快，聲音也從低不可聞，慢慢聲若洪鐘，響徹整個圖書館。

　　商隊雖然覺得老先生的聲音非常嘹亮，卻並沒有甚麼特別的感受。不過這聲聲唸詞傳入那些強盜的耳中可不一樣了，那些已經暈過去的強盜自不必說，僥倖躲過磚石襲擊的強盜，神情慌亂，彷彿看到了鬼神一般，尖叫着奪門而出——哦，如果門還在那兒的話。

　　當目送最後一個倖存的強盜騎上駱駝落荒而逃後，整個商隊歡呼起來。尼科洛上前緊緊握住了阿迪里的手：

　　「請接我——尼科洛和整個威尼斯商隊最誠摯的謝意和歉意！非常抱歉，因為我們，毀了您守護的殿堂。」

　　阿迪里點了點頭，將手從尼科洛的手中抽回，俯下身從地上抓起一把沙土：

　　「萬般物，無不是鏡中花、水中月，終化一抔黃土，毀了便也就毀了罷。我守護的，也不是這宮殿，而是我心中的書房而已。你們不必自責。」

尼科洛和馬可再三邀請阿迪里和他們同行，畢竟這沙漠城堡已經毀掉了大半，不方便居住了。阿迪里笑了笑，堅定地說：

「遠方的人們，請安心地上路吧，老朽生是沙漠之城的人，死是沙漠之城的魂。中國有句詩：『海內存知己，天涯若比鄰。』我會一直在你們身邊的。」

　　沒走出多遠，在剛才強盜們盤踞的沙堆中，我們發現躺着一個人，他還有呼吸，只是因為炎熱和缺水陷入了昏迷。我連忙取來水囊。一陣餵水、掐人中之後，這人總算還過魂來。

　　他自稱胡安，真是個奇怪的名字，不過長得白白淨淨。他說自己是被強盜擄走的，只是自己一直缺水缺糧，清醒的時間還不如昏迷的久。

　　父親和叔叔商量了一下，決定帶着胡安一起上路。

　　剛來了春華，又多了一個小夥伴，最高興的自然是我了。

第五章
沙漠幻景

見首不見尾，一飛入雲間
首頂雙鹿角，尾擺迅如電
五爪破磐石，長鬚細如棉
渾身金鱗甲，一吼聲震天
呼氣降甘霖，吸氣冬如炎

　　漢金的歌聲悠悠傳來，他略帶沙啞的嗓音，彷彿是穿越了幾千年的聲音，一直
迴蕩在無邊無際的沙海上。漫天的銀河橫貫天際，那麼遠，又那麼近。

　　馬可·孛羅仰面朝天，躺在尚未褪去溫度的沙地上，向上伸出手臂，再伸長一
些，能將整條璀璨的星河握在手中。

　　銀河在緩緩旋轉，虛幻的形狀也漸漸凝實，似乎有誰在指揮着點點繁星排成了
整齊的隊列。它長出利爪，化成尖牙，變成了歌謠中的巨龍向馬可俯衝而來。

　　「啊！」

　　馬可驚呼出聲，從沙地上跳了起來，也打斷了漢金的歌聲。

　　「你是不是又做夢了？」漢金拾起煙袋，吧嗒了兩口笑着說。

　　「我……我……我看到星星變成一條巨龍朝我衝來。」

　　馬可尷尬地撓撓頭，又確認似的偷偷看了眼天空：「漢金都怪你！你的歌肯定有
魔力！萬一真把巨龍招來了怎麼辦？」

　　巴布爾將匕首拔出刀鞘，捏住刀尖「唰」地飛射到不遠處的沙堆中：

　　「我橫穿這片沙漠少說也有十幾次，從來沒有見過甚麼巨龍。唯一像巨龍的，只
有這個！」他晃了晃刀柄，一條沙地蜥蜴在刀尖上拼命掙扎。

　　「領隊，你可不能亂說！」

　　漢金臉色一沉，似乎在回憶：
「有太多東西是我們沒見過的，甚至
這輩子也沒有機會見到。但不能因此
懷疑它們的存在。」

　　「如果是飛龍的話，我倒是聽過

不少關於牠們的傳說。」

一向沉默寡言的胡安這時開口了，仔細算來，這恐怕是他得救後，第一次主動開口。

「有的傳說中龍無比兇惡殘暴，所過之處屍橫遍野，但也有傳說，幸運的人才有機會見到飛龍，那是一個民族的圖騰和信仰。」

春華將頭從母親的腿上抬起，她的雙眼在篝火的映射下格外明亮：「如果能見到巨龍，我一定要摸一摸牠的鱗片。胡安，你說牠的鱗片真的是黃金做的嗎？」

巴布爾顯然對這個話題不太感興趣，掃興地說：「我們還是祈禱飛龍不要把我們都吃了才好。與其幻想黃金做的鱗片，不如考慮一些實際問題。比如……」

他晃了晃腰間的水囊說：「我們的補給已經不多了，在到達下一個綠洲之前，我們得好好規劃一下食品和飲水了。」

被巴布爾這麼一說，大家也都沒了聊天的興致。天色也不早了，眾人紛紛打着哈欠道了晚安，鑽進了各自的帳篷。靜謐的夜色中，只剩下枯枝在火堆中劈啪作響和人們肆無忌憚的呼嚕聲。

不過並不是所有人都進入了夢鄉，至少眼前的這兩個人沒有。他們藏在沙丘後面，等待商隊的人全都睡下。他們的眼睛在黑暗中閃着貪婪的光──這不正是前幾天被宮殿守護者趕跑的強盜嗎！

「嗨，德摩爾，你說這些人都睡了嗎？」年輕一些的強盜用手肘捅了一下身邊的大個子。

大個子把手指放在嘴脣上，壓低了聲音：「噓，摩萊克你給我輕點聲。你這麼大嗓門，睡着的都得給吵醒。」

「你別老教訓我，要不是那天你跑得慢，我們能掉隊？這一路跟着這些異域商人可不都靠我的追蹤本領，沒有我，你早就死在半路了！」

名叫摩萊克的似乎很不滿，但還是把嗓門降了下來。

「好好好，多虧了你，我謝謝你！行了吧！」

德摩爾無奈地撇了撇嘴，但目光卻沒有從商隊的值班守夜人身上離開：「你看，那守夜的也睡着了。嘖嘖，我也想背靠着篝火好好睡一覺啊，沙漠的夜晚實在太冷

了，這幾天真把我凍得難受。」

「等我們搶下他們的貨，嘿嘿，就近那麼一賣……」摩萊克眼睛瞇成了兩道月牙兒，已經開始幻想數金幣的模樣了。

「別廢話了，動手！」德摩爾摸了摸腰間的彎刀，從潛伏的沙堆裏慢慢站起身來。

「呼哧！」

不遠處的駱駝正好打了個阿嚏，一陣搖頭晃腦，將脖頸上駝鈴晃動得叮噹作響。

「誰，誰？甚麼人？」守夜人一下子驚醒，將抱在懷裏的長劍緊緊握住四下張望。

這時的德摩爾和摩萊克哪裏敢現身，儘管他們常年劫掠沙漠客商，但也不敢僅憑兩個人就挑戰一個商隊。

「唉，我說駱駝兄弟，你能不能讓我好好睡會兒，一個噴嚏這麼響，我還以為有壞人來打劫了。」

守夜人沒好氣地朝駱駝吼了幾句，又找了個舒服的姿勢，歪着腦袋打起了鼾。

等了一會兒，見不再有動靜，強盜兩兄弟趕緊起身，像兩個無聲的幽靈飄到了駱駝臥着的地方。

「我說德摩爾，要不我們再等等吧，這夥兒人也太警覺了，我總覺得今晚得出事。」摩萊克警覺地看着帳篷，似乎被剛才的一幕嚇到了。

此刻的德摩爾已經一手一袋抓起了地上的貨物，由於貨物大多由駱駝背負，所以卸下來之後也是就地堆放，省得明日啟程再從帳篷裏搬出。

「說甚麼傻話呢，我們都跟了這麼多天了，正是他們人困馬乏，哦，不，人困駱駝乏的時候，這時不動手，難道還等他們到了唐古特城？」德摩爾熟門熟路地將貨物甩到駱駝的背上，又朝摩萊克揮了揮手，讓他趕緊動手。

人睡得死，但駱駝可沒有這麼安穩。被德摩爾甩上了重重的幾大袋貨物後，好不容易能臥下休息的駱駝滿心的不樂意，搖頭晃腦地把駝鈴奏成了交響樂。

「誰？是誰在那兒？」漢金畢竟年紀大了，睡得淺，三番五次地聽到駝鈴聲，下意識感覺到有異常，他掀開帳篷簾布朝駱駝的方向喊道。

「快，摩萊克，上駱駝！」

德摩爾本打算多弄些貨物，順手再牽幾頭駱駝，但是計劃永遠趕不上變化，既然吵醒了商隊的人，他可不想就這麼空手逃跑，能撈多少就是多少，畢竟一頭駱駝也值不少錢呢，何況還有摩萊克。

兩頭駱駝在沙漠中絕塵而去，商人的營地外捲起了滾滾沙塵。

「怎麼了？發生甚麼事了？」守夜人是第二個醒來的。

姜大嬸也從帳篷內跑了出來，她剛把春華安頓睡下，自己還沒閉眼，就聽到了漢金的聲音。

「有賊，有強盜！他們偷了駱駝！」漢金朝滾滾沙塵的方向一指。

大夥兒陸續醒了，紛紛從帳篷內鑽了出來。

「您看見是這個方向嗎？我要去追回來！這可都是我們千山萬水帶來的貨物啊！絕不能就這麼被偷走！」馬可聽明白了大概，折返身從帳篷內取出了他的佩劍。

「自從叔叔馬泰奧教我劍術以來，我還沒有真正用過！今天就要你們好看！」

馬可心裏暗暗想道，順着地上駱駝的腳印就衝進了漆黑的沙漠深處。

不過願望和現實總是相差甚遠，特別是在這神祕莫測的沙漠中。跑出去沒多遠，被風吹動的沙子很快就覆蓋住了駱駝的腳印，而且馬可怎麼跑得過被譽為沙漠之舟的駱駝呢？

不到半個時辰，看着馬可垂頭喪氣回來的模樣，大夥兒也並不感到意外。反倒是巴布爾一臉嚴肅地告訴他，以後千萬不能這麼衝動，萬一在沙漠中迷了路，誰也找不到他。

「頭兒，你看……」雖然巴布爾是穿越沙漠的領隊，但威賽還是習慣稱尼科洛為頭兒，「有一個好消息，一個壞消息，你打算先聽哪一個？」

火光將尼科洛棱角分明的五官映襯得如同石膏雕塑，而此刻石膏做成的臉龐上，卻陰沉得能滴出水來：「都這時候了，還能有甚麼好消息，你快說吧，我們到底丟了甚麼？」

威賽歎了口氣，指着地上的貨物堆，又指了指駱駝說：

「好消息是，我們從威尼斯帶來的香料、美酒和橄欖油，幾乎都沒有少。而壞消息是，僅存的一些饢餅、肉乾和淡水，幾乎都被偷走了，還順帶牽走了兩頭最年輕力壯的駱駝。」

巴布爾的眉毛擰成了一個結，一個大寫的「川」字刻在眉心正中：

「沒了食物問題不大，大不了餓幾頓，但是沒了飲水……我們還有多少的存量？」

威賽掰了掰手指頭，有點兒沒底氣地說：「大概，可能，也許……還能夠我們大夥兒喝一天，如果大家都省着喝的話。」

「一天！」

在場的眾人都倒吸一口涼氣。

巴布爾畢竟是多次穿越沙漠的人，此刻數他最鎮定。他向大夥兒擺了擺手：

「大家先回帳篷睡覺吧，睡眠中對水的需求最少。明天我想辦法找到水，你們都不用擔心。」

大夥兒將信將疑地回到各自的帳篷中，尼科洛留在了最後：

「你有辦法搞到水？」

「呵呵，如果我說我也沒辦法了，大家今晚還能睡得好嗎？」巴布爾聳了聳肩，攤開雙手，「至少讓大家抱個希望吧，明天只能走一步看一步。奇跡總會有的，希望它不要來得太遲。」

沙漠的太陽不會因為巴布爾的祈禱就忘記升起，更不會因為商隊缺水而有所收斂。相反，第二天的陽光特別毒辣。

「大夥兒都堅持一下，如果想喝水，來我這裏領，每次只能抿一小口，沾濕一下嘴脣，絕不能大口喝！」

這是尼科洛和巴布爾商量的結果。雖然這要求看起來很無情，但這絕對是最正確的做法。只有這樣，才能讓大家存活更久。

「同時大家也要小心海市蜃樓的出現。」巴布爾提醒道。

「那是甚麼？甚麼樓？」

馬可是第一次聽到這個詞，覺得很新鮮。

「海市蜃樓是一種幻景。」巴布爾舔了舔嘴脣，從早上到現在，他還沒有喝過一滴水，「太陽會把沙漠地面的空氣烤得火熱，讓空氣變形，折射出遠處的場景。」

「真的？像我之前在雪山上的『睜眼夢』一樣嗎？」想到「睜眼夢」，馬可還是心有餘悸。

尼科洛拍了拍他的肩，經過這一路的鍛煉，馬可變得高大了不少，肩膀也厚實了。

「不，你那是腦海中的幻景。而海市蜃樓是真實的幻景，如果出現，大家都能看到。但只是幻景，不要被它迷惑。」

馬可眼珠子咕嚕一轉，急切地問：「那都有甚麼？會有高山大海嗎？」

「是啊，還會看到繁華的都市，巍峨的宮殿，反正甚麼都有可能出現。」馬泰奧也走了上來，他的嘴脣早已開裂，滲出的血已經結痂，「現實中存在的，都有可能看到。」

平靜的沙漠漸漸起了風，表層的沙礫在無形之手的推動下向前飛奔，沙石摩擦出陣陣低鳴，如泣如訴，如唱如吟。

恍恍惚惚，這聲音彷彿會聚成了曲調，遠處的沙丘，傳到了馬可的耳中，並一直在他的耳畔回響。

「大家注意了！起風了，可能又會有沙暴！」巴布爾此刻正在隊伍的最前面，遠處沙漠的變化他第一個察覺，「我們要趕路，前方有幾塊巨石，能幫我們扛一下。」

沙漠的風是乾燥的，更是炎熱的。馬可覺得此刻自己正站在烤爐邊上，迎面而來的熱風都彷彿帶着烤肉的香氣。

「馬可，你愣着幹甚麼？快來幫忙啊！」多娜塔甩着辮子回頭向他嗔怪，「你這饞貓，就知道吃，快幫我把調料拿過來。你要是一點兒忙都不幫，一會兒可沒有你的份兒！」

「多娜塔？你怎麼會在這兒？你不是在威尼斯嗎？」

此刻馬可還有一點兒清醒，只是覺得哪裏不對，但又說不上來。

多娜塔奇怪地看了他一眼：

「你在說甚麼胡話呢？我告訴你啊，可別以為裝瘋賣傻就能吃現成的！說好了要一起做飯給你父親吃的，結果呢！就只有我一個人在忙活！」

說着，多娜塔打開烤爐，將一盤油光鋥亮的烤肉遞到馬可身前：

「說好了啊，你不幫忙可沒有你的份兒！這次你求饒我也不管你！」

馬可連忙伸手去接，但是整個烤盤卻穿過了他的雙臂，落到了地上。

「多娜塔？多娜塔！」馬可抬頭看向故鄉的好朋友。多娜塔笑盈盈地看着他，但是身影卻漸漸模糊，化成一陣氤氳消失不見。一起消失的，還有地上的烤肉和誘人的香味。

「我這是怎麼了？我是在威尼斯嗎？還是多娜塔來了沙漠？」

馬可睜大雙眼想找到多娜塔，卻發現身邊早沒有任何人的身影。整個商隊連同馱運的駱駝都消失不見。

「糟糕！」馬可暗道不好，知道自己多半出現了幻覺，「難道這就是海市蜃樓嗎？」

身邊的風沙越來越大，馬可大聲呼喊父親和叔叔的名字。回應他的，只有呼嘯的風聲和滿嘴的黃沙。

就在馬可一籌莫展之際，胸前的飛龍玉墜發出了金色光芒温暖着他的胸膛。他趕緊掏出玉墜，那道光芒像是長了眼睛一樣，射向右側的一個方向。

　　「難道是你要我往那個方向走？」馬可低聲問飛龍，但玉墜並不會說話。

　　「那就信你一次吧。」馬可拿定了主意。他知道現在時間寶貴，多一秒都可能葬身沙海。

　　而此時的商隊，早已在巴布爾的帶領下到達了前方暫擋風沙的巨石處。只是風沙幾乎遮住了整片天空，在無邊的黑暗中，誰也沒有發現馬可已經掉隊。

　　馬可甚麼都看不見，只能順着玉墜指引的方向前行，直到他伸手摸到了一塊石頭，才知道飛龍玉墜沒有騙他。巨石的底部並沒有完全被沙子埋沒，一道不寬的縫隙剛好能讓馬可勉強進入。

　　迫不及待地鑽進巨石之下，馬可終於能順暢呼吸了。正當他想看清這個不大的空間，玉墜的光卻消失了。

　　所幸在出發前，巴布爾給每人都分配了應急的工具。馬可從隨身的背囊裏取出打火石，撕下了半截兒衣袖，將布料纏在佩劍上，點着了火充當臨時火把。

　　在火光亮起的瞬間，馬可差點兒扔掉手中的佩劍。

　　整個地下洞穴中，幾乎三分之二的空間被一具巨大的動物軀體佔據着。這具身體在洞底盤繞，如果完全展開，可能有十幾頭駱駝那麼長，渾身被厚實的鱗片覆蓋。順着鱗片的方向看去，有一個碩大的腦袋。馬可從沒見過這樣的頭，有些像獅子，又有點兒像羊。而頭頂的一對分叉的角，遠比成年的雄鹿壯觀。動物的嘴裏露出一排成年人小臂長短的獠牙，上下交錯。在這昏暗的洞穴中，更顯得陰森恐怖。

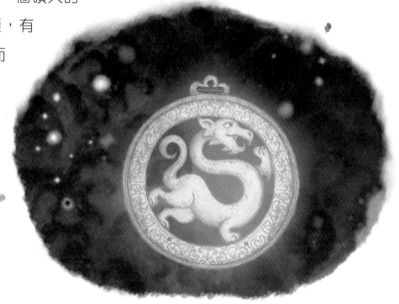

　　「這不就是漢金歌裏唱的龍嗎？」

馬可一下子反應了過來。所有的特徵都和漢金的描述一模一樣，只是這條龍一動不動，不知是死了還是在沉睡。

面對如此龐然大物，馬可不敢抱有一絲僥倖，他可不認為憑自己三腳貓的劍術能戰勝神話中的動物。馬可趕緊滅了火，在離飛龍最遠的一個角落裏縮着身子坐下。等風沙過後，他要第一時間逃出去。

不過他似乎在身旁摸到了甚麼東西，圓圓的，表面很光滑，比雞蛋大了好幾十倍，足有半人多高。

「龍蛋！」

馬可嚇了一跳，不過目前看來，龍蛋是唯一合理的解釋。至少馬可從來沒有見過如此巨大的蛋。

興奮總是暫時的，在經歷了風沙和飛龍的視覺衝擊後，疲憊像滾滾的潮水，瞬間將馬可淹沒。飢渴交織的少年，很快陷入了睡夢之中。

在現實與虛幻的岔口，馬可感覺巨石在顫抖。不遠處盤踞的飛龍睜開了銅鈴般大小的雙眼，將整個洞穴照得亮如白畫。牠漸漸舒展開蜷曲的身體，像伸懶腰一樣抖動着全身，將洞穴壁的沙土蹭得紛紛落下。

巨龍水桶粗細的身子慢慢展開，將獅子一樣的腦袋伸到馬可面前。牠側轉腦袋，把一隻角伸到馬可的鼻尖前。

「你是想讓我爬上來嗎？」馬可心跳加速，嘴脣顫抖，輕聲詢問。

巨龍似乎能聽懂他的話，琉璃珠子一樣透亮的眼睛眨了兩下，又把頭靠得更近。

馬可忘了恐懼，抬腳跨上了飛龍的脖子，雙手緊緊握住龍角。

只覺得一股巨大的衝力從身下傳來，下一刻，馬可就發現身邊哪裏還有洞穴的影子。俯身看去，遼闊的沙漠已經變成巴掌大小的一抹黃色，不遠處是無垠的羣山，間或有碧綠的森林和湛藍的湖泊。

又飛了一會兒，馬可只覺得雲朵已被遠遠拋在身後。當飛龍帶着馬可躍過一扇巨大的紅漆木門後，馬可的雙腳才再次着陸。

「這是……」馬可驚訝地問，木門背後居然是一潭碧泉，剔透的泉水正汨汨湧出。

「你是帶我來找水喝的？」馬可不可思議地問趴在身旁的飛龍，心裏早想跳進泉中喝個痛快。

飛龍碩大的腦袋重重地點了點，還沒等馬可道謝，牠已經化作天邊的一道流光消失不見。隨着飛龍消失的，還有巨大的木門和那一汪清泉。

「又是夢嗎？」

馬可晃了晃沉重的腦袋，終於睜開了眼。眼前還是那漆黑的洞穴，手邊光滑的龍蛋告訴他，現實依然殘酷。

不過希望總是要有的！馬可舔了舔乾裂的嘴脣，鹹鹹的血腥味讓他重新站了起來。

此刻沙暴已經過去，來時的腳印也早已被嶄新的沙子覆蓋，無從尋覓。馬可瞇着眼抬頭，試着學巴布爾通過太陽辨別方向。他完全不知道，離商隊究竟還有多遠。

此刻，劫後餘生的商隊開始了清點。貨物和駱駝都安然無恙，但是馬可·孛羅不見了。天哪！尼科洛緊皺眉頭，一時間有點兒失了方寸。

「唉，這麼大的沙暴，我擔心……」

顯然巴布爾並不認為掉隊的馬可能倖存下來。

不過漢金卻有不同的看法：「你千萬不要小看那傢伙，他的命，硬着呢。」

「是啊，馬可一定沒事的！胡安，走，我們去找他！」

春華雖然愛和馬可拌嘴，但事實上和他要好着呢。

「好，大夥都在這裏等着，我們一定把馬可帶回來！」胡安也不願相信馬可會遇難，就答應和春華分頭去找。

「馬可！馬可・亭羅！」春華一邊高聲喊着名字，一邊仔細觀察着地面。雖然沙地很難保留腳印，但總不能放過任何一點兒希望。

「這是……」不多時，春華就在沙丘的另一側看到了一串腳印，是剛留下的，並沒有被之前的沙暴掩埋，「這一定是馬可的，我就知道他沒這麼容易被吹走！」

春華趕忙跑到沙丘的頂端，借助高處的視野，向目力所及的四野望去。只見遠處有一堆巨石，巨石腳下躺着一個人，看上去很像馬可。

春華知道自己力氣小，就算找到馬可也一定背不動。她記下了大概的位置，掉頭就向商隊跑去。

很快，大夥兒都來到馬可的身旁。尼科洛把自己最後一點兒水小心滴灌進馬可的嘴裏，又從馬泰奧手中接過他的存水。就在他想去拿漢金的水囊時，馬可終於睜開了眼。

「我……我看到了龍，還有蛋，還有水，我會飛……」剛從昏迷中甦醒的馬可還有些恍惚，說不出個所以然。只是在他的只言片語之中，大夥兒大致知道了他的經歷。

「別去管甚麼飛龍和龍蛋！要知道多走一步路，我們就少一分走出沙漠的希望。」

尼科洛此刻必須對整個商隊負責，他的話得到了大多數人的贊同。稍作休整，商隊繼續上路。

也不知道是因為我見到了飛龍帶來了好運，還是怎的，不久巴布爾就發現了前方的沙洲城市——唐古特城。

　　久旱逢甘霖，大家內心歡騰，彼此用力地擁抱，扯着嘶啞的嗓音大聲呼喊，宣泄一路的壓抑心情。

　　在唐古特城短暫停歇後，我們一鼓作氣，向夏都——也就是元上都前進。那兒是我們能覲見大汗的城市。

第六章
覲見大汗

沙漠終於褪去，山巒也不再起伏。取而代之的，是風吹草低見牛羊的草原，氣勢磅礴的高聳城牆和金碧輝煌的巍峨宮殿。

這裏是夏都，或者叫上都（註：在今內蒙古錫林郭勒盟正藍旗），每年春夏大汗會帶着朝中重臣和皇家女眷們來此行宮生活一段時間。

我們這一段跋山涉水穿越沙漠的旅程終於告一段落。回想起一路的經歷，我的心中有一種奇怪的不真實感：我們經歷千難萬險，甚至幾乎付出生命的代價——如今，即將在此，覲見大汗？！

尼科洛根據上一回來的經驗，安排威賽去交換通關文牒。宮內派人傳了消息，讓商隊在宮殿前廳等候，稍後會有大汗的召見儀式。

馬可·孛羅畢竟是個不安分的主兒，宮廷的傳話人前腳剛走，他就興奮地繞着宮殿打起了轉轉。

「天哪，這就是上都！大汗的行宮所在地！」

馬可用力咬了咬自己的舌尖，劇痛沒有帶給他半分的懊喪，反而激起了他更強的好奇心：

「春華你看，這織錦的毯面上，牡丹花還是用金絲線鈎的邊，在威尼斯可是根本看不着的，哪怕在總督府裏也看不到！」

馬可忍不住往宮殿裏探頭。宮殿的正前方是皇帝的龍椅，龍椅的背後是厚重的實木雕花屏風，深紅色的木質紋，百獸百花的雕刻，甚至每個動物的雙眼處都用碎金鑲嵌其中，簡直讓人匪夷所思。

究竟得花多長時間，用多少頂級的木匠才能做出這樣一扇屏風來！

在屏風的最頂端，龍椅的正上方，有一條蜷曲盤旋着的飛龍。在這一瞬間，馬可想到了陪自己一路走來的飛龍玉墜。他將手伸進懷裏，只覺得一股溫熱傳到手中。

這感覺很奇妙，像是一直在外的遊子終於回到故鄉。馬可抑制住掏出玉墜來看一看的念頭，他怕被皇宮裏的人看到，引起不必要的誤會。

就在這時，屏風後傳來鼓樂聲。不同於威尼斯的曲調，也不像路上聽到的民歌小曲，更不同於漢金彈唱的古老節奏。這鼓樂聲，隆重而莊嚴，每一記重音，都落

在了眾人的心坎深處，讓人不由得想要跪倒頂禮膜拜。

尼科洛將馬可招回身邊，此刻的商隊夥伴早已規規矩矩地在前廳中央列成兩行，站得筆直。

首先出現在眾人眼前的是身著華服的中年人，他們弓著身子，將頭微低頷首面地，雙手作揖舉在額前，高大的頭冠顯示出他們高官的身份。

從中走出一人，朝威尼斯商人們欠一欠身，伸手朝大汗寶座的方向做了一個「請」的手勢，示意孛羅一家三人向前。尼科洛小聲地對馬可囑咐：

「兒子，很快大汗就要出來接見我們了，這可是天下人能享受到的最高禮遇！你可千萬別動來動去！」

馬可暗暗點頭，其實沒有父親的叮嚀，他也根本不敢造次。因為當他走過身著華服的高官們時，那一雙雙熾熱的眼睛，早已把他看得心怦怦直跳！

「太、太、太壯觀了！這一路上的艱險，我一點兒都不覺得後悔！」

馬可已經語無倫次了，翻遍了腦海中的詞語，也找不到能形容出眼前景象給他帶來的心靈震撼。

馬泰奧目視前方，嘴卻撇向姪子：「嘿嘿，等你過段時間真正進了京城大都，你就會知道現在看到的，不過是開胃小菜。正餐還在後頭呢！」

待三人在龍椅前站定，側方一名宮廷內侍走上前來，面朝前廳內的所有人傳令：

「遵大汗旨意，宣召威尼斯商人。」

尼科洛和馬泰奧聞言率先雙腿一曲，跪了下去。馬可雖然有點兒不明就裏，但是他知道這時候跟着父親做準沒錯。

「嗒嗒嗒」腳步聲響起，馬可沒敢抬頭，但是他知道這時候走動的一定是大汗——忽必烈。

「你們都起來吧。尼科洛，是你吧，我們已經見過面了。老朋友，很歡迎你們啊！」

大汗天庭飽滿，面色紅潤，朝三人抬了抬手，便坐在了龍椅之上。

「大汗，尼科洛·孛羅、馬泰奧·孛羅和馬可·孛羅，向您致以最崇高的敬意，祝您國泰民安，福壽延年，萬歲萬歲萬萬歲！」

尼科洛沒有忙着起身，只是高聲唸出早已熟記於心的祝詞。在忽必烈大汗的示意下，才和弟弟、兒子一塊站起了身。

尼科洛朝身後商隊的方向擊掌兩聲，威賽便高舉着紅綢包裹的木盒一路小跑來到近前。

「大汗，這是鄙國總督托我為您帶來的金獅一尊！獅子是威尼斯的象徵，也是勇氣和友誼的代表。鄙國總督希望能藉此薄禮，得到您和貴國的友誼。」尼科洛從威賽手中接過木盒，並屈身將禮物遞給了宮廷內侍。

「哦？拿來我看看。」忽必烈大汗饒有興致地讓內侍打開木盒，一尊閃閃放光的金色獅子躍然眾人眼前。

「嗯，不錯，不錯！是個好東西！」

顯然忽必烈大汗對這件異域的小禮品很中意，連連點頭，向身前的內侍交代說：

「把它放入內藏庫中，要好好保存。這是我收到的路途最遙遠的禮物了。」

「尼科洛·孛羅！」忽必烈大汗指了指馬泰奧，又指了指馬可，「你的兄弟我見過，邊上這小伙子是誰啊？好像上次並沒有來。」

　　馬可差點兒想跳起來回答：「我叫馬可，是尼科洛的兒子！我立志要做最偉大的探險家。」但是他還是忍住了，畢竟這可是朝堂之上。

　　「回稟大汗，他叫馬可·孛羅，是在下的兒子。」

　　尼科洛畢恭畢敬地回答。

　　「哦，是嗎？小伙子很厲害啊，這一路走過來，吃了不少苦頭吧。嗯，有志氣！有能耐！」

　　大汗大手一揮，朝着整個威尼斯商隊說：「你們遠道而來也辛苦了，這裏也備上了宴席，我要邀請你們所有人，共同進餐。」

　　眾人連聲道謝，在高呼的萬歲聲中，馬可站在原地笑開了花：

　　「大汗知道我名字了！哈哈，中國的大汗記得我了！」

　　在朝廷重臣的眾星捧月之下，大汗起身邁步，率先向御花園走去。

　　馬可等人緊隨其後。繞過實木屏風，眼前豁然開朗。如果說宮殿前廳讓馬可看到了東方古老國度的恢宏風采，那御花園的景色則體現出了行宮柔美的一面。說是花園，其實是美麗的草場，許多小溪流經其間。

　　今天大汗設宴招待威尼斯商人，是在離前廳不遠的江南園林。此刻上百個宮人正在桌前忙碌着準備晚宴。孛羅家族三人在正廳席上落座，商隊其餘人等，均在殿

外的偏廳享用晚餐。不遠處的宮苑深處，十幾個金釵頭雲鬢眉的錦袍女子，正移步向殿內走來。

「這是大汗的後宮女眷，盯着她們看是不符合禮節的。」

尼科洛輕聲傳令下去，讓偏廳的眾人和身邊的馬可注意禮儀規矩。

馬可的注意力一下就被其中的一位公主打扮的女孩吸引住了。他從沒見過這麼漂亮的女孩，閃亮的雙眼會說話，瑩潤的皮膚吹彈可破。

「那是闊闊真公主！」叔叔馬泰奧朝馬可擠了擠眼，「很漂亮吧？幾年前我和你父親第一次來的時候，她還只是個小丫頭呢！時間過得真快，哦，那是她的侍女，慧心！」

闊闊真公主很快隨大汗的妻妾女眷一同在對面一列的桌子前落座，而馬可的注意力也很快被端上桌來的一道道宮廷菜式吸引了。

這都是些甚麼菜啊，如果不看菜單，馬可根本認不出來：

蒸羊羔、蒸熊掌、蒸鹿尾、燒花鴨、燒雛雞、燒子鵝、滷豬、滷鴨……看了後面的，馬可就把前面的菜忘了。

菜名這事很快就被馬可拋在腦後，因為當他將面前的各種菜式掃蕩一空後，又得到了另一個振奮人心的消息 —— 翌日圍獵。

馬可在旅途中早已學會騎馬，但是圍獵對他來說還是無比新鮮。第二天天剛亮，他早早騎上宮人為他準備的棗紅駿馬，來到集結點。

「胡安，你怎麼也來得這麼早？」

馬可發現自己居然不是第一個到的，好生驚訝。

「這不是睡不着嘛！」胡安不好意思地撓撓頭，像是在回憶一般，「這兩天看到的新鮮物件太多了！這不，今天早點兒來看看還有甚麼好玩的。」

就在他倆聊天的時候，馬泰奧也優哉游哉地牽馬過來：

「馬可，昨天表現得不錯啊。不過還要保持，畢竟這是在中國，習慣和禮節都與我們

不同，要入鄉隨俗。你明白我的意思嗎？」

「馬泰奧叔叔！」胡安搶先開口了，他與馬可年齡相仿，便按着馬可的輩分同樣喊馬泰奧為叔叔，「我對大元的文化習俗還是挺了解的，如果不介意的話，我可以給馬可當禮儀官！」

說着，他充滿期待地看了眼馬可。他非常期盼能真正融入這個團隊中。

「哈哈，那再好不過了！」馬可開心地拉了拉韁繩，讓身下的馬靠近胡安，與他擊掌。

日頭漸高，喧天的鑼鼓聲赫然響起。一隊隊全副武裝的扈從和列兵在前來觀摩的眾人身前，整齊列隊，並在號令聲中變換着陣形操練。

「眾愛卿，眾遠商，吾族是馬背上的民族，吾朝是在馬背上建立的皇朝！今日，將再次祭奠先輩的英勇，特此邀請眾位，共同參與此次圍獵。」

忽必烈大汗身下的高頭大馬格外雄壯，比一般的馬簡直高出了一半有餘。

「哇，馬背上的民族！」馬可吐了吐舌頭，自言自語道，「那我們算不算貢多拉上的民族呢？可惜在這兒沒有貢多拉。」

「不過……這老虎……也太恐怖了吧，怎麼帶在身邊？」

馬可驚訝地發現隊伍的後面有兩人多高的金屬籠子，裏面關着花斑猛虎。那老

虎在籠子中呼哧呼哧地喘着氣，原地繞着圈。馬可只看了牠一眼，就覺得魂魄被吸走了七八分，嚇得連連轉頭不敢再瞧。

「哈哈，威尼斯的小伙子你不用怕！」忽必烈大汗驅馬上前，停在了馬可·孛羅身旁，「這長尾的畜生是我專門飼養的狩獵幫手，一會兒你就能看到牠的用處啦。」

在文武百官的前呼後擁之下，狩獵的隊伍來到了獵場的邊緣。還沒有進入獵場，馬可就已經見到了不少稀有的動物：山雉、矮鹿、山貓、紅皮狐狸……還有更多叫不出名字的動物在瘋狂逃竄，彷彿已經預見接下來的一場圍捕。

在往森林深處逃離的動物羣中，唯獨一頭雄鹿頂着高大分叉的鹿角，離眾人大約一箭之地，傲然地看着眾人。

大汗瞬間就被雄鹿的鹿角吸引住了，擁有如此巨大的鹿角，意味着這頭雄鹿是某個鹿羣的首領。

「就要牠了！放虎！」

大汗豪邁地一揮手，指揮看守虎籠的侍衛將巨大的花斑猛虎放了出去。遂一出籠，老虎和雄鹿就像商量好的一樣，幾乎在同一時間狂奔向密林深處。

「走走，我們快跟上，這樣的雄鹿不常見，我要親手了結牠。好久沒有碰到如此美妙的獵物了。」

大汗馬鞭一抽，胯下坐騎一聲嘶鳴，向空中高高揚起前蹄，後腿猛一發力，躥出了十幾丈的距離。

「大汗！」

馬可自知坐騎不如對方，只能加緊步伐跟上！

不過幾秒鐘的時間，大汗和馬可·孛羅兩道身影就像林間的精靈，瞬間消失在遠處。侍衛隨從們呼哧呼哧地緊緊追趕。

「大汗！」

馬可終於追上了大汗，但此刻他的神色卻失去了之前的意氣風發。

馬可也是個心細的人，他稍一觀察，立刻明白了事情的原委。此刻

的樹林格外安靜，連一點兒蟲鳴鳥叫都聽不到。這是絕對不正常的！唯一的解釋，就是身邊不遠處有猛獸。

只在一瞬間，一道黃影從樹後閃現出來，沒等馬可看清，一隻幾乎和籠中猛虎一模一樣的老虎出現在兩個人身前。唯一的區別是籠中的是公虎，而眼前的是一隻母虎。

「嗷嗚──」

母虎咧開血盆大口，將犬牙交錯的利齒好好地向二人展示了一番。在牠看來，似乎這兩個細皮嫩肉的人，才是牠最好的下午茶。

只見牠降低重心，縮起前爪。馬可瞳孔一陣收縮，他知道老虎即將發起攻擊。身下的坐騎也感受到危機，還沒等老虎發動進攻，大汗的汗血寶馬突然不受控制地原地蹦躂，直立起後肢，將大汗甩落馬下。

所幸的是大汗的一隻馬靴掛在鐙上，起了緩衝的作用，大汗並沒有摔傷。

「大汗，我來保護你！」

也不知道哪裏來的勇氣，馬可·孛羅一把拔出佩劍，三兩步衝到了大汗和山中霸王之間。

就在猛虎發動攻勢的那一刻，馬可脖子中的飛龍玉墜開始高速震動，發出逼人的黃光，直射向那老虎。

野獸天性怕刺目的光，本能讓牠選擇了暫時撤退。正當馬可以為老虎放棄進攻時，老虎又猛地回頭，一個餓虎撲食向馬可奔來。

馬可閉上雙眼，在他看來，自己已經化成猛虎的美餐。

「救駕！趕快救駕！」侍衛總管的聲音從天而降。

隨着破空而來的箭矢，剛才還生猛無比的母虎，此刻已變成一隻碩大的「刺蝟」。

「大汗，御前侍衛恆信，救駕來遲，請降罪！」原來剛才救馬可的人叫恆信。

「救駕有功！何罪之有？」泰然自若的神情又出現在大汗臉上，「馬可，恆信，你們都做得很好！回到都城，大大有賞！」

晚上，自然又是一場別開生面的夜宴，地點則換成了獵場中的一個山頭。

闊闊真公主今晚帶來了馬頭琴助興，悠揚琴聲撩撥着馬可·孛羅的心弦。

忽必烈大汗喝了不少，酒過三巡菜過五味，話題自然又來到了白天的歷險。

「遠方的年輕人啊，你可知道，人生就如同獵場，你永遠不知道下一個出現在你面前的獵物是甚麼。你甚至不知道是你在捕獵，還是獵物在捕捉你。」

忽必烈大汗向馬可舉起酒杯，一飲而盡。

馬可猶豫了一下。儘管他記得父親和叔叔都告訴自己，在大汗面前要謹言慎行。但是此刻心中有話，不吐不快：

「大汗，我斗膽認為，圍獵並不值得提倡，就如同戰爭。區別只是人與人或是人與獸。」

忽必烈大汗眉頭微皺，略一沉吟：

「年輕人，你說得有道理。在你看來，或許覺得我過得很富庶，但事實上我卻不如你自由。不管怎麼說，今天還是非常遺憾，讓那頭雄鹿跑了。」

「不，我並不這麼認為。」馬可依然直言不諱，「其實今天我們救了那雄鹿，這是我覺得最幸運的事了。」

大汗的面色陰晴不定。旁人也難以捉摸大汗的心思，只是看向馬可，眼神裏都有些惋惜。沒想到這個男孩居然會當眾頂撞大汗。

此刻大汗的心中也是五味雜陳。這個敢於直抒胸臆的男孩讓他很欣賞，甚至都動了心思，要不要賞賜給他一官半職。但轉念一想，還是要伺機考驗一下這個遠道而來的年輕人。

琴聲悠揚，在場的人卻各自想着自己的事。

闊闊真公主的侍女慧心負責眾人的茶水，眼見大夥兒興致高昂，自知備茶不足，只得起身去樹叢邊的小溪處取水。

「月如鈎，霜滿秋，一地金桂，何人……何人……」

「何人射彎弓！」

還沒走到溪邊，慧心就聽到有人在吟詩，好像是寫到一半卡住了。她想也沒想，隨口就湊了個句子上去。

「啊！好句子啊，這位姑娘，好句子啊！」

原來溪邊吟詩的正是胡安，他連忙跑上前去，看見慧心手提水桶，立刻自告奮勇地要幫忙。

「喂！你都還沒說你是誰，叫甚麼，哪來的，我怎麼敢相信你啊！萬一你是壞人或者刺客呢！」

慧心向後跳了一步，伸手示意胡安保持距離，打着官腔說。

「不不，姑娘，我不是壞人！我是個書生！」

從慧心開口的那句詩，胡安就被眼前的姑娘吸引了。待藉着月光看清對方的模樣後，胡安更是欣賞這個清純可人的女孩。所以他竹筒倒豆子一般，將自己的身世以及和馬可・孛羅商隊相識的過程，一五一十地說了一遍。

「嘿嘿，那本姑娘就先相信你吧！」慧心掩面一笑，將手中的木桶遞了過去，「喏，還不快拿着。就算本姑娘幫你完成小詩的報答吧。」

胡安哪敢怠慢，汲了滿滿一桶水，小心翼翼地跟在慧心姑娘身後上了山。直到營帳門口，才在守衛的阻攔下，止住了腳步。看着慧心姑娘上山遠去的身影，胡安忍不住大聲問道：

「姑娘，請問我們何時才能再見？」

慧心蜂腰輕轉，向耳後挽了挽被夜風吹亂的鬢髮：

　　「有緣就會再見，無緣，無緣那就謝謝你的水咯。」說完，淺淺一笑，眼中一抹不易察覺的笑容被長長的睫毛藏在了夜色中。

　　「兄弟，這是闊闊真公主的貼身侍女慧心，出了名的才女！」看守的侍衛雖然不讓胡安上山，但是聊聊天還是可以的。

　　原來她叫慧心，好美的名字！胡安出神地想着。

　　溜出宴席透透氣的時候，我老遠就看見胡安和慧心前後走着、說笑，讓我想到了威尼斯的好朋友多娜塔……

　　在上都觀見了大汗，又一起獵場圍獵之後，我覺得和中國的距離一下子拉近了不少。天子，也不是那麼莊嚴得難以親近。

　　待大汗結束行宮例行的日程安排，接下來的目的地，那就是大名鼎鼎的京城大都啦！

第七章
初到京城

大汗起駕回鑾，我們隨行離開了上都。跟着天子的隊伍，一路皆為坦途，行走了幾天，夢寐向往的大都終於出現在面前。

這裏比我們之前觀見大汗的上都更雄偉壯觀，據說大都是世界上人口最多、最為富裕繁華的城市，終於可以眼見為實了！

　　城門緩緩打開，旌旗飛揚，鼓樂齊鳴，皇家衛隊的守城將領早已恭候龍輦多時，眾人跪拜叩首，氣氛肅穆。日光正好越過城門，灑向遠處皇宮的屋脊，鍍上一層金光燦燦的光暈。

　　鑼鳴開道，鹵簿車仗浩浩蕩蕩，盡顯皇家威嚴，前擁後簇，車乘相銜。馬可·孛羅跟隨父親和叔叔，跟在文武百官之後，徑直入城。

　　四下張望，只見條條大道筆直鋪開，四通八達，各家商鋪店面林立，高牆院落鱗次櫛比，好不熱鬧！

　　「我的天哪！竟然有這般規模的城市！真是想都不敢想！」馬可·孛羅不禁對身邊的胡安嘀咕着。

「這大名鼎鼎的大都，南、東、西三面各三門，北面兩門，共十一門，就像是哪吒的三頭六臂兩足。每個城門都和《周易》卦象相關。而城中心是皇城，也就是天子居所⋯⋯」

胡安滔滔不絕地對馬可介紹起來，因為跟在回朝隊伍之中，雖然他努力壓低聲音，但那自豪的勁兒可都在臉上。

也不知道走了多久，儀仗隊伍停下了腳步。馬可・孛羅探頭，眼前忽見一條寬寬的水渠阻擋了去路。水渠對岸，巍峨的宮城，一眼望去，宮城的轉角處，聳立着三層重簷，十字屋脊，多角交錯，木架斗拱十分複雜，又顯得相當精巧。

「那個是角樓！」看着馬可呆呆望去的模樣，胡安又得意地咧嘴笑了笑，「這角樓和皇宮的城門樓，還有我們眼前的護城河，都是皇宮的防衞。」

「我們現在站的可是中國天子腳下的土地，這才真正到了人家家門口啊！」叔叔馬泰奧側臉轉向一進元大都就目瞪口呆的姪子。

父親似乎想到了甚麼，忍不住囑咐起來：「馬可，大汗住的皇宮，是全國的中心。等進去了，你一定要注意言行，可不能再莽撞行事啦。」

父親的話讓馬可・孛羅瞬間紅了臉，慚愧地撓了撓頭，吐了吐舌頭：「行吧，我會當心的。」

「萬歲萬歲萬萬歲！」

一陣眾人高呼，大內宮城的城門也隨之開啟。大塊大塊的大理石相連鋪於地面，光滑平坦，明晃晃地映着陽光。筆直進崇天門，門前彎曲如弓的金水河上，搭建了多座同樣弧形的拱橋，皆雕琢龍鳳祥雲，形似條條玉帶。大汗英姿颯爽徑直從正橋通過，親王大臣眾人列隊，按照官品階級從不同的橋上通過。

「這麼大的陣仗，只是大汗從上都回到大都的家而已，簡直不可思議！」被宮廷儀式繞暈的馬可，不敢嘴裏嘀咕，內心想着，「這麼一比，我們威尼斯總督大人的排場，可真是相差得遠了⋯⋯」

大殿入口左右兩邊，各有一尊漢白玉石獅，體態健碩，威猛無比，神情初看猙獰，細看莊嚴；石獅的鬃毛、軀幹、利爪都雕刻得無比細膩，活靈活現。這一對石獅蹲在同樣精雕細琢的底座之上，底座飾有繁縟精緻的捲葉紋。

「哎喲！」

馬可・孛羅差點兒被主殿門前的台階絆倒。他一直呆呆地盯着石獅，啊！獅子！我家鄉威尼斯也有雄獅！帶着翅膀的獅子、聖馬可廣場、總督府、大運河、貢多拉、多娜塔……一瞬間，多少事物湧入心頭，帶着思念。幸虧叔叔馬泰奧在身邊及時拉住了他。

「想甚麼呢你？」尼科洛回頭瞪了兒子一眼，「剛怎麼和你交代的？」

馬可憋紅了臉，興奮、緊張、愧疚還帶着一點兒眷戀，五味雜陳的感覺。

殿內百官叩首問安。舟車勞頓，大汗體恤臣子便散了眾人，唯獨留下了威尼斯商人們。

「馬可・孛羅！改日你再進宮，等我早朝結束後，專門聽你講講這一路的故事！」

「遵令！大汗！」

真的假的？大汗剛剛欽點我給他講這一路的奇遇歷險？！

「父親，您捏我一下吧？」馬可退回尼科洛身邊，壓着嘴，用只有父親才能聽到

的聲音央求。

「為甚麼？」尼科洛不明白兒子的意思。

「快捏我一下，我想知道是不是做夢！」

「你這小子。」尼科洛撲哧一下，也被兒子略顯稚嫩的蓬勃朝氣逗到了。

眾人退出皇宮。

尼科洛和馬泰奧領着商隊，嫻熟地在這京城巷道內穿行。馬可‧孛羅左顧右盼，和小夥伴胡安並排，跟在他們身後。

「兄弟，你剛才可真是有面子啊！」胡安絲毫不掩藏羨慕的神情，對馬可說，「大汗甚少和旁人這樣說話的。」

「或許大汗也只是隨口一提吧。」不知怎的，馬可卻沒了剛剛在大殿上的興奮，反而有點兒猶豫，「可能大汗在興頭上，現在已經回宮了，他必定有無數朝政事務要處理，哪還能記住我呀……」

胡安一把拉住馬可的胳膊：「不會的！天子一言既出，駟馬難追！」

「哦，希望如此。」馬可被同伴的舉動嚇了一跳。畢竟胡安是中國人，馬可想，相信他吧，他比我更了解大汗。

「哥哥，你是⋯⋯在想我們的店鋪？」

尼科洛一路走着，不自覺地緊縮着眉頭，思忖着甚麼，一會兒搖頭，一會兒點着下巴，右手手指有節奏地掐着數兒。馬泰奧見狀，猜到了哥哥的心思。

「嗯！你看，這不我們走了已經有些年數了，也不知還剩下些甚麼⋯⋯」

「別擔心，大不了甚麼都沒了，我都做好了最壞的打算。只是我想中國人應該不會失信於我們的。」馬泰奧明顯比哥哥樂觀多了。

「你們在京城的房子，在哪兒呀？」落在隊伍最後的春華不知何時溜達到前面，好奇地問。

「不遠，就在前面了。」威賽憨厚地朝春華笑了笑，這後半程路多虧這對母女的好廚藝，商隊每天的伙食都提高了好幾個檔次。

「我們的房子挺簡陋的，但是甚麼都不缺，而且院子特別大，屋子也有好多空餘的。」想到終於可以重新住回京城的房子，威賽還是暗暗地開心。

「那快點兒走，我都迫不及待想看看父親那些年生活的家了！」馬可·孛羅衝到隊伍最前面，側着身子，伸手招呼起父親和叔叔。

左拐右拐又一會兒，眾人來到一棟高牆院落門口。灰青色的磚牆，一些地方早已斑駁，卻不顯荒涼。古樸木質的大門，正中帶銅環，顏色有些鏽跡，倒也沒有積灰。

「就這兒。」尼科洛衝着兒子點點頭。

「我去敲門！」馬可箭步跨上門前的台階。

「吱⋯⋯」

就在他抬起手，正要朝門環落下去的瞬間，大門向內打開，走出一名男子。嚇

得馬可趕緊收回手，後退了一步——要不然這一巴掌可就打在這人身上啦。

這男子中年模樣，體格均勻，衣衫十分樸素，臉頰略有凹陷，帶着黑眼圈，感覺平日需要思量的事不少。他眉頭的川字紋和眼尾嘴角的褶子，和年齡倒是匹配。男子邁過門檻，看了馬可·孛羅一眼，沒太在意，探頭看到尼科洛和馬泰奧，眼神突然放了光！

「大人！真的是你啊！你們可終於回來啦！」

「阿輝！」尼科洛伸開雙臂環抱住男子，彷彿結拜兄弟般的深情，「是啊，我們回來了！說好的！」

馬泰奧在一旁，也忍不住笑着重重拍了幾下阿輝的肩膀。

「哦，對了，阿輝，這是我兒子，馬可·孛羅！」尼科洛看到呆站在門口的馬可，掰過阿輝的肩膀，拍拍他的背，指着剛要敲門的馬可。

「馬可，過來，見過阿輝叔叔！」

「你兒子都這麼大了？怎麼都沒聽你提過呀？」阿輝皺了皺眉，想在記憶深處找尋以前聊天的信息。

尼科洛顯然料到了朋友的疑惑：「這個說來話長……老天的恩賜吧，回頭和你慢慢說。總之，我把兒子也一起帶來了中國。」

「嗯，好，回頭聽你慢慢說！」阿輝拉着尼科洛，「我們快進去吧！大夥兒可都一直掛念着你們呢。快點兒快點兒，進去吧。」阿輝憨厚地招呼着。

院子方方正正，相當寬敞，往裏走，有好幾進，要麼由不同的小院門隔開，要麼是低矮的磚牆做屏風隔開。院子四角種滿了高大的樹木，一層樓的平房，木門木窗，就像威賽說的一樣簡樸，沒甚麼裝飾佈置，但窗明几淨，給人舒服平靜的感覺。

「大夥兒快來，尼科洛·孛羅大人回來啦！」阿輝在院子裏興奮地大喊。

「甚麼？」「誰啊？」「大人？！……」「快來啊……」

院子角角落落響起了說話聲、腳步聲、開門聲、物件掉落地面的聲音，叮叮噹噹的。暖風吹起，院內樹木的葉子沙沙作響。不一會兒工夫，出來十餘人，聚集在院子裏，有穿着麻布衣衫、頭裹粗繩或光着膀子幹活的漢子，兜着圍裙打掃、下廚的婦人……男女老少好不熱鬧。

「大人！……」大夥兒臉上都洋溢着由衷的開心和期待已久的神情。

夥計紛紛上前，簇擁在尼科洛、馬泰奧和威賽身邊，拉着他們左看看右瞅瞅，七嘴八舌問長問短，掩飾不住喜悅。

阿輝招呼着遠處的姑娘。姑娘從內室出來，可能走得太着急，懷裏還抱着樂器，未曾放下。她紅撲撲的小臉，細細彎彎的眉毛，撲閃撲閃的睫毛，薄薄的嘴脣，一咧嘴微笑，露出兩排潔白的牙齒。衣裙倒也不是名貴的料子，樣式簡單，只在脖子上掛了一圈細細的銀鎖。看模樣身量，比馬可·孛羅要小上幾歲。

「公子好，這是我閨女，叫寒兒。看樣子比你小點兒，一會兒讓她帶你熟悉一下院子和房間吧。」

「大家餓了吧？要不，先吃點兒東西？」阿輝深知旅途的艱辛，「來人，先準備點兒吃食讓大人們吃吧！」

「好嘞，稍等片刻。你們放一下行李的工夫，我差不多準備好了。」眾人間一名中等個頭兒、碎花藍布包着髮髻的婦女應答着，滿臉笑盈盈地看着阿輝和尼科洛，她雙手在身前的圍裙上反覆擦了擦，腦子裏飛快地閃過廚房還有的食材種類。「嫂子，我來幫你！我以前是個廚娘。」姜大嬸主動挽起她的手臂，向後廚走去。

「你好，我是寒兒，我帶你們去看一下房間吧。」

話音剛來，春華從人羣裏鑽了出來，搶在馬可開口之前，替他都說了：「你好！我是春華！他是馬可·孛羅，我們一道兒的。」

眼前的這個小姑娘，春華瞅着可真好看啊！細長的丹鳳眼，微笑着，眼睛裏彷彿有星星在閃，聲音輕脆得像鈴鐺，還會彈琴！不像我……只會做飯……不知怎的，春華一下子有點兒失落。

「嗯！你們跟我一道去看看，我們這兒比較簡陋，不過房間多，院子寬敞……」

「哈哈，威賽之前說的和你一模一樣！」馬可·孛羅覺得這話耳熟，想起之前威賽說的，果然不假。

寒兒帶着馬可和春華逐間屋子地參觀。她時不時回頭看一眼新鮮勁兒十足的春華，這姑娘和我們京城的就是不一樣，皮膚有點兒黑，但是臉色好紅潤啊，走起路來蹦蹦跳跳，真是活潑！她肯定也是從很遙遠的地方過來吧？真是羨慕啊！差不多年齡，她都去過了好多地方，不像我……只在家裏待着，幫幫忙……寒兒一下子也如春華剛才一般失落和豔羨起來。

四目相對的瞬間，寒兒友好卻害羞地淺淺一笑，春華眨巴眼睛，吐吐舌頭。小姑娘間的情誼就這樣不知不覺地建立起來，像微風的傳播，無聲無息。介紹完了宅子的房間，寒兒打發馬可回前屋找男人們去，自個兒拉着春華來到裏院後門的一處角落，這是連廊的轉角，正好對着一棵樹，也是她最愛的「祕密花園」，每次想一個人發呆放空的時候，就會來此處。雖然兩人剛認識，寒兒還是迫不及待地想和春華分享自己這片小天地。

「好大的櫻桃樹啊！快看！還有沒摘的呢！」

春華的目光一下子被眼前這株高大的果樹吸引了。晌午的陽光從茂密的樹葉縫隙中穿過，落在樹下的地面，斑駁的陰影隨着清風吹晃着樹杈忽閃忽閃。

「你等我會兒，我爬上去摘了那櫻桃，給你吃！」春華緊了緊腰帶，看了一眼樹幹上可以落腳的地方，搓了搓手心。

寒兒以為自己聽錯了：「你說甚麼？你要爬樹？別啊春華！樹那麼高，你可當心點兒……」

話沒說完，春華就像隻靈巧的小猴子，一蹬腿，雙臂環抱住樹幹，噌噌地就往上躥。三下五除二地就來到樹幹最大的分岔處，扶着樹杈保持平衡地站了起來。

「寒兒，等着，我給你搖一點兒櫻桃吃！」她說完，拉着結果子的樹杈用力地晃動起來，還真有那麼一顆顆成熟的櫻桃落到樹底下。寒兒在樹下撿拾着，兜在裙子上，等春華下來一塊吃。

又一陣風吹過樹葉嘩啦啦作響，春華撇頭看到身旁庫房裏，有人影晃動，剛準備爬下樹去，又定睛一看──不對啊，這兩人大白天用紗布蒙面，只露出眼睛，其中一個腰間還掛着兩個竹簍，鬼鬼祟祟──他們進庫房幹甚麼？

「噓！」春華朝樹下的寒兒做了個小聲的動作。自己雙手扒在庫房側壁，支撐着上半身，雙腳立在樹幹處，保持身體平衡，探在庫房的窗戶邊，謹慎地盯着屋裏的人。

「老二，我們動作快點兒！」腰間掛着竹簍的男人對同伴說。

「老大，沒事！我們剛剛進來的時候查看過了！現在人都在前廳。據說這玉器鋪子近些年生意好得不得了，賺翻了，賬房天天有人在，還是在庫房裏挑些上好的貨吧！」

「噓，我好像聽見外面走廊上有動靜！」竹簍男子豎起耳朵，貼在門縫裏，側耳聽着。

阿輝領着馬可·孛羅正向走廊深處走去。尼科洛看還要一會兒才能備好酒菜，就請阿輝先帶兒子去看一眼庫房。這可都是尼科洛和阿輝這些年經營的心血，將來或許馬可也要接手的。

想起來昨天剛到的幾樣新式玉器還沒入庫，阿輝把庫房鑰匙交給了馬可，請他先進去，自己去拿點兒東西過來。

　　庫房的兩個賊，聽到外面的腳步聲和說話聲，知道已經來不及奪門而逃了，順勢找了黑暗的角落，貼着牆壁屏息站住。

　　推門之時，玉墜輕微晃了一下。馬可低頭摸了摸，說：「護身符啊，我們已經到京城的家了，這裏安全着呢。」說罷走進光線並不充裕的庫房，順手關上了房門，父親說過，庫房是重要的地方，不能讓大門敞開。一排排貨架整齊堆放着大小不一的匣子，馬可隨手打開幾個：花瓶、筆筒、項鏈……還有不知做甚麼用但卻極其精美的玩意兒。

　　不知不覺馬可往庫房裏靠近着。躲在暗處的兩人，此時也異常緊張，不敢出一口大氣，汗水沿着臉龐落下，卻也不敢伸手去擦，生怕弄出動靜。揣着竹簍的男子暗暗捏緊了拳頭，準備等馬可走近給他來上一拳。

　　「馬可，小心埋伏！」

　　正在庫房窗外的春華，目睹一切，着急地衝着屋裏大叫。

　　「誰？春華？」馬可聽到熟悉的聲音，卻不知道從哪兒傳來的，抬頭看着周圍。角落裏的兩人也聽到了聲響，不管三七二十一直接跳出來亮明身份，不就是來偷點兒值錢的傢伙嘛，何況眼前也就一個毛頭小夥兒，二對一，還怕不能取勝嗎？

　　兩個盜賊迅速擺好對陣，上下打量馬可，真是意外——居然還是個金頭髮、高鼻樑、藍色眼珠子的外國人！這可新鮮！

　　馬可也被眼前憑空跳出來的兩人嚇了一跳。看他們蒙面模樣，又躲在暗處，肯定不是好人。

　　「馬可！我來幫你！」砰的一聲，窗戶被踢開了，春華一腳蹬樹，找準位置跳在窗台上，順勢蹦進房間。

　　「又來一黃毛丫頭！」老二嘴角抽了一下，嘀咕一句，「老大，一起收拾了！」

　　「快去庫房！……」屋外走廊上響起一陣沉重的腳步聲。原來寒兒聽春華喊叫，知道小夥伴有危險，趕緊從院子裏跑去前廳，半路撞上正回庫房的父親阿輝和結伴而來的威賽。兩人一聽就趕忙衝了過來。

「兄弟，壞了！他們人多！快跑！」盜賊看了一眼春華踢開的窗戶，準備跳窗而逃。哪能便宜他們！馬可一把拉住老大的褲帶。

「別跑！」

馬可伸腿就絆。賊人老大因為腰間繫着竹簍，重心不穩，打了個重重的跟蹌。他雙手伏地，站起身來，轉身扭頭狠狠地劈來一掌。畢竟出拳瞬間沒有擺好架勢，方向略有偏差，馬可趁機側身躲避，準備再去攔截。近身肉搏的場面春華畢竟還沒習慣，跳進庫房也是為不讓馬可孤零零一個人對付。

眼看老二已經越窗而逃，馬可再次拉住老大的衣袖，砰一聲，庫房的門被踢開，老大情急之下，將腰間的竹簍一把捵下，推給馬可，順勢掙脫而逃。

竹簍從馬可的手中滑落，亂麻般的東西跌了出來——哦，不！那柔軟的身體盤繞在一起，鱗片在照進庫房的太陽下閃着銀光，突然豎起小小的三角腦袋，鮮紅的舌頭一伸一縮，兩顆綠豆大小的眼睛目露兇光。

「馬可，當心！是蛇！」春華厲聲尖叫起來！

睜大了眼睛倒吸一口涼氣的馬可‧孛羅絲毫不敢動彈，蛇在他腳邊不遠處，正搜尋攻擊的目標。春華的一聲尖叫和跺腳，吸引了毒蛇的注意，牠轉向春華，粗繩般的身體開始扭動前進。

「啊！」春華發現毒蛇改變了目標，嚇得面無血色。

「馬可，看劍！」第一個衝進房間的威賽，一手提着劍，衝馬可招呼，抬手將寶劍扔了過去。馬可空中接過，一個箭步上前，手起劍落，地上一攤血跡。毒蛇在吐舌攻擊春華前一瞬間，被砍去了腦袋。

啪的一聲，春華腿軟地癱坐在地。

「沒事了！」馬可小心地扶起她，安慰着，「春華，多虧你剛剛衝進來。」

「要不要緊？怎麼樣啦？」威賽上前蹲下身子，摸摸春華的腦袋。這小姑娘除了和娘親學得一手好廚藝，也着實勇敢得讓人欽佩和心疼。阿輝來到庫房的窗戶邊，張望了兩眼：日頭之下，櫻桃樹還是倚靠着牆壁，院子角落的地上跌落了些許熟透的櫻桃和幾塊外牆屋簷的瓦片，而賊人已經逃得無影無蹤……

「先別驚動尼科洛大人。」阿輝轉頭，對威賽說道。同時也暗示馬可和春華，先別聲張此事。

「嗯。」威賽想了想也表示同意。離開多年，剛回到這京城住處，先看看情況再說吧。

「阿輝，馬可，快來吃飯吧……」走廊上響起了姜大嬸的召喚。庫房裏的四個人，互相拍拍身上的塵土。威賽重新拾劍挑起毒蛇的屍體裝進竹簍，暫且將牠置於門後。

春華整了整衣衫，捋了捋頭髮，若無其事地跟着阿輝、威賽和馬可走出庫房，迎着姜大嬸就撒嬌開來：「媽，我都餓了……」

我再次摸了摸脖子上的護身符，原來到了京城，也並不就徹底安全了。

不過今天白天見到的皇宮和京城的宏偉和繁華，已經讓我感到不虛此行！這一路的艱辛，都是值得的！等我回到威尼斯，簡直不知道該怎麼向夥伴描述這如此莊嚴壯闊的場景！他們會相信嗎？